dumont taschenbücher

Wilhelm Rüdiger studierte Kunstgeschichte (bei Wilhelm Pinder) und Archäologie (bei Ernst Buschor); Promotion; Tätigkeit als Kunstkritiker. Nach dem Krieg hat er das Stuttgarter Kunstkabinett (Ketterer) mitgegründet; konzipierte in vier Jahren »Kindlers Lexikon der Malerei«, für das er auch zahlreiche Artikel geschrieben hat. Von 1962 bis 1966 entwarf er den Plan für die 20bändige Propyläen-Kunstgeschichte, engagierte die Fachautoren in der ganzen Welt und schloß die ersten Bände noch selbst ab. Für die 12bändige Enzyklopädie »Die Großen der Weltgeschichte« schrieb er eine ganze Reihe umfangreicher Künstleressays. Weitere Publikationen u.a.: Kunst und Technik (1940); Das szenische Werk von Emil Preetorius (1945); Bildbiographie Albrecht Dürer (mit M. Steck; 1957); Der Bildhauer Richard Knecht (1968); Die Welt der Renaissance (1970); Mitarbeit an Knaur's Kulturführer in Farbe (1976); Der Maler C.O. Müller (1976); Dürer – Italienische Reise-Aquarelle (1979); Gemälde erzählen Geschichten (1980).

1 AMIENS – die glanzvollste Kathedralenfassade Frankreichs (1225–1235), über den hohen Portaltympanen aufsteigend in fünf Geschossen, setzt sich aus vielen Elementen zusammen: Über der Phalanx der Königsgalerie das elegante steinerne Blätterwerk der Fensterrose mit der Gestaltenkette des »Glücksrads«. Die Rose ist wie die Obergeschosse der Türme in der Spätgotik entstanden.

Wilhelm Rüdiger

Die gotische Kathedrale

Architektur und Bedeutung

Mit Fotos von Wim Swaan

DuMont Buchverlag Köln

Umschlagabbildung Vorderseite: Laon, Inneres der Kathedrale

Erstveröffentlichung

Druck: Rasch, Bramsche
Buchbinderische Verarbeitung: Boss-Druck, Kleve

Printed in Germany ISBN 3-7701-1095-1

Inhalt

I IM ANBLICK DER KATHEDRALE

Rodin

Von Auguste Rodin, dem großen französischen Bildhauer, erschien im Jahr 1910 das Buch »Die Kathedralen Frankreichs«. Es war ein Hymnus, stammelnde Adoration, emphatisch vorgetragen, Sätze, Ausrufe, Beschwörungen, Predigermahnungen voller Entzücken und Andacht, aber auch geschrieben mit dem Unterton der Verzweiflung, daß jene große, künstlerisch intakte Zeit verloren und vorbei sei, daß er selber nicht mehr in dieser Epoche, eingebettet in deren künstlerischen Kosmos, schaffen könne. Tatsächlich war das das tragische Schicksal dieses größten bildhauerischen Genies der neueren Zeit. Sein Freund, der Maler Carrière, hat es formuliert: *Il n'a pas pu collaborer à la Cathédrale absente.* (Er konnte nicht an der Kathedrale mitarbeiten, es gab sie nicht mehr.)

Mit seinem Buch über die Kathedralen wollte Rodin in sich und für seine Zeit diese ungeheuren, dem modernen Menschen schier unfaßbaren architektonischen Monumente in Wort und Gedanken, in sinnlich-körperlichem Gefühl zum Erlebnis erwecken. Die religiöse Substanz, das mit dem Entwurf der Kathedralen verbundene theologische Programm, kunsthistorische Stilfragen, Probleme der Formentwicklung wurden dabei von ihm fast ganz übersehen. Datierungen, mit denen wir Heutigen die Kunstwerke festnageln, galten ihm ganz und gar nichts. Aufs höchste aber erregte er sich immer wieder über die Verunstaltungen seiner »Gralstempel« durch die Hand moderner neugotischer Restauratoren, deren Ergänzungen der sensible Formenmensch geradezu schmerzhaft als Augen- und Sinnenbeleidigung empfand.

Seit Rodins Buch sind über Kathedralen, Dome, gotische Münster und Kirchen ganze Bibliotheken von einschlägigen Büchern erschienen, die mittels Dokumentenforschung, Stilkritik und Formanalyse Übersicht und Gliederung in die Fülle der großen Architekturdenkmäler Europas vom 12. bis zum 15. Jahrhundert zu bringen suchten und auch brachten.

Es kann nicht Aufgabe eines kleinen Taschenbuchs sein, das den Titel »Die gotische Kathedrale« trägt, mit der Spezialforschung zu konkurrieren oder einen gerafften Überblick über Formsprache und Stilentwicklung des gotischen Gotteshauses anzubieten.

Da jedoch das Wort »Gotik« kein willkürlicher Stilbegriff ist, mit dem wir eine Epoche nach oben und unten abgrenzen, sondern ein Form-Urteil, und zwar ein gewachsenes, obendrein ein Verdikt Spätergeborener, so bedeutet der Stilname zugleich eine Charakterisierung, allerdings eine einseitige, von seiten der italienischen Renaissance, die ausdrückt: eine Kunst der Goten, jener Barbaren, die mit der Völkerwanderung in das klassische goldene Italien einbrachen, eine Kunst von wilder, krauser, stacheliger Formgebung, ungeschlacht dämonisch und schönheitsfern, diametral entgegengesetzt der antiken Klassik, die, wie Giorgio Vasari, der Erfinder des Begriffs *stile gotico,* glaubte, in der »Renaissance« des 16. Jahrhunderts wiedergeboren worden sei.

Also eigentlich ein Schimpfname, der dann zum Stilnamen und schließlich geradezu zum Synonym für Transzendenz und Innerlichkeit in der Kunst wurde. Und seltsamerweise zunächst auch zum Synonym für »Deutschheit«, obwohl der Bau, den der junge Goethe mit seinem Essay »Von deutscher Baukunst« (1773) besang, auf der Mittellinie des alten Karolinger-Reiches entstand, am Oberrhein, zwischen Deutschland und Frankreich. Dieses Straßburger Münster war trotz der deutschen Baumeisternamen, die mit ihm verbunden sind, Meister Erwin (von Steinbach), Ulrich Ensinger, Johan Hültz und andere, ein Ablegergewächs aus dem großen Kathedralengarten der Ile-de-France, der von

Chartres, Paris, Bourges, Reims, Soissons, Laon bis Amiens und Beauvais reicht.

Wenn diese Kathedralen, die wir hier aufzählen, auch nicht austauschbar sind – es gehören, wollte man vollständig sein, noch über 70 weitere dazu, erbaut oder begonnen in einem einzigen Jahrhundert! –, so sind sie doch untereinander wie Geschwister von größter Familienähnlichkeit, Geschwister, ältere und jüngere. Die entfernteren Verwandten in England, in Spanien, die Nachkommen in Deutschland, im ganzen Mitteleuropa und die – um im Bilde zu bleiben – »aus der Art geschlagenen« in Italien werden in einem letzten Kapitel als Abkömmlinge betrachtet werden. Hier geht es, dem Titel folgend, um »die gotische Kathedrale«, wie sie in der Ile-de-France als Symbol einer neuen Religiosität, eines neuen, geradezu explosiv ausgebrochenen Selbstverständnisses kirchlicher Macht, aber ebenso als Demonstration königlicher Auserwähltheit entstanden, ja, man kann sagen, erfunden worden ist. So gesehen, darf man bei dem Versuch, das Phänomen Kathedrale suggestiv und sachlich sichtbar werden zu lassen, charakteristische Züge von diesem oder jenem Bau nehmen, durch die dann dieses Sammelbild höchster Architekturleistung des Abendlandes noch markanter geprägt erscheinen wird.

Kathedralen-Tourismus

Sieht man vor Notre-Dame in Paris die bunte Reihe der Reisebusse aus aller Welt oder hört, aus Menschentrauben heraus, die monotonen Führerstimmen, mehrere gleichzeitig in den hallenden Schiffen von Chartres, dann wird es schwer, an jenes »Himmlische Jerusalem« zu denken, das einst in der Kathedrale symbolisiert erschien. Heute ist der Bau mit allen seinen bewundernswürdigen Details säkularisiert, zur touristischen Attraktion, zum historischen Denkmal geworden, dem intensiven Beschauer bestenfalls stimmungsvolles ästhetisches Ereignis. Jene Wirkung jedoch, die diese vielzackigen steinernen Gebirge einst hatten mit ihren hohen mystischen Grotten im Inneren, ist »heute kaum mehr in ursprünglicher Gewalt nachzuempfinden, weil wir gegen die Wirkungen einer Architektur von übermenschlichen Ausmaßen abgestumpft sind. Unsere Großstadtbauten, seien es Warenhäuser, Geschäftspaläste, Schwimmbäder, Stadien, Wolkenkratzer oder Wohntürme, haben durchwegs die natürliche Proportion zum Menschen verloren. Was kann uns heute der Raum eines Domes sein, da schon viele Bahnhofshallen seine Größe erreichen? Wie anders mußte der Mensch der damaligen Zeit in jenen Räumen bis zum Horror, bis zum taumeligen Schwindel ergriffen werden, der kaum andere als zweistöckige Gebäude kannte, die er an seiner eigenen Größe zu messen vermochte, während die Dome mit ihren Gewölbehöhen bis zu 40 oder 50 m als unmeßbar, als maßstablos erschienen, über jede Berechnung, zum Symbol unfaßbarer Gottesmacht sich weitend« (nach Weigert). Und Hans Sedlmayr ergänzt: »Man müßte imstande sein, die Kathedralen mit den Augen eines in ländlicher Umgebung aufgewachsenen Menschen oder eines Kindes zu sehen, um ihre ursprüngliche Wirkung nicht nur gleichnishaft und blaß, sondern real und mit voller Kraft zu erfahren.«

Einfühlung

Etwas von solcher Naivität und damit ein echtes Erlebnis der Pracht und Macht der Kathedralen wiederzugewinnen, dazu bedarf es vielleicht einer Art »autogenen Trainings«, nämlich des eigenen Körpers sich bewußt zu werden und mit ihm in den umgebenden Raum hineinzufühlen. Das heißt, die Augen tasten den äußeren Leib, die »Zinnen« jenes »Himmlischen Jerusalem« ab (Abb. 2), des Kathedralenbaus mit seinen durchbrochenen Türmen, den stämmigen, gestuften Kaskaden der Strebepfeiler und eleganten Schwibbögen, den »Sägeblättern« der Krabbenläufe an vielen Kantengraten, mit seinen schilderhausartigen Tabernakeltürmchen, in denen Dutzende von goldenen Engeln Schildwacht stehen (Reims; Abb. 3, 40), mit der steinernen

2 56 Steinfiguren, 4,30 m hoch, bilden in REIMS die Königsgalerie, deren Band sich von der Fassade aus um die beiden Türme der »Himmelsburg« schlingt. Dargestellt sind fränkische und alttestamentliche Könige. Auf dem Dachfirst die vergoldeten Lilien Frankreichs.

3 Die Engelwächter in den Schilderhäuschen der Tabernakel rings um Chor und Langhaus von REIMS waren, wie viele Außenteile der Kathedrale, vergoldet. In niederer Region neben ihnen, auf Kragsteinen und an exponierten Punkten aufgestellt, eine Herde irdischer Kreaturen.

Stickerei der Wimpergdreiecke und dem Geflecht des Fenstermaßwerks. Gleichsam zu verlängerten Fühlern der Hände müssen sich die Augen auswachsen, um Formen und Material, die Glätte oder Körnigkeit des Steins, die träge Schwere der Bleiplatten auf den Dachschrägen oder das Licht, das durch die tausend grünen, roten, blauen und gelben Glassplitter der hohen Fenster die Kirchenschiffe magisch durchleuchtet und »erwärmt«, geradezu thermometerhaft dem eigenen empfindenden Körper und dem dieses Erlebnis registrierenden Verstand zuzuleiten.

Videre et adorare, Anschauen und Anbeten, eines folgt dem anderen, war die Überzeugung der Kathedralenbauer, ein Wort von Abt Suger von Saint-Denis, dem »Erfinder« des Kathedralenprogramms. Wenn es auch für den modernen unsteten Reise-Menschen, der nicht mehr in einer Kathedrale beheimatet ist, mit dem *adorare* seine Schwierigkeiten haben wird, aus dem interessierten Schauen, an dem körperlich und geistig Sich-in-Besitz-nehmen-lassen von dem Raum ringsum und den Dingen darin, kann er sich die Kathedrale in gewisser Weise von neuem erbauen – und sich selbst daran »erbauen«: ein weltlich modernes Befolgen der Anweisung des großen mittelalterlichen Kirchenmannes.

Baubeginn und Bauzeiten

Darum soll am Anfang der Gedanken über die Kathedrale der Bau selbst stehen, mit dem Versuch, seine Errichtung aus der Perspektive der Menschen zu sehen und nachzuempfinden, die diese ungeheuren, ungeheuerlichen, dabei bis zum letzten durchdachten und durchorganisierten Steingebirge mit den Hallenschluchten darin in Jahrzehnten oder auch Jahrhunderten auftürmten.

Zog sich die Bauzeit des Kölner Doms, der ein *opus francigenum* ist, d. h. im französischen Kathedralstil erbaut, mit jahrhundertelanger Unterbrechung von 1248 bis zur endlichen Vollendung im historistischen Zeitalter (1842–1880) hin, so dauerte der Bau des Chors von Saint-Denis durch Abt Suger vier Jahre, die Wiedererrichtung von Notre-Dame in Chartres, 90 km südwestlich von Paris, nur 27 Jahre: ein Wunder, das ganz Frankreich tief beeindruckte. Denn in dem Brand, der im Juni 1194 die Kathedrale und einen großen Teil der Stadt vernichtete, blieb Frankreichs kostbarste Reliquie, vor deren Anblick allein einst die normannischen Belagerer voller Schrecken geflohen waren, blieb die *sancta camisia*, das Hemd, das die Jungfrau Maria bei der Geburt ihres Sohnes umhüllte, in der Krypta der eingestürzten Kirche wunderbar erhalten. Und noch ein zweiter göttlicher Hinweis: Das Feuer hatte die ganze Westfront mit der steinernen Offenbarung der drei strengen Figurenportale verschont. Schöner, größer und reicher sollte nun der Bau neu erstehen. Dies schien der Wille der heiligen Jungfrau, so deutete man das doppelte Wunder. In ganz Frankreich, d. h. vor allem in Francien, dem Kronland der Kapetinger-Könige, brach, angefeuert durch Predigten, Schriften, Dank- und Bittprozessionen mit Wallfahrten zu dem Wunderort, eine unglaubliche Gott-will-es-Stimmung aus. Es ist Kreuzzugzeit; der dritte Zug ins Heilige Land, den Kaiser Barbarossa anführte, ist gerade zu Ende gegangen. Die Errichtung einer Kathedrale, ja schon die Teilnahme daran in irgendeiner Form, wurde von der Kirche als Tat vor Gott ebenso hoch angerechnet wie eine Fahrt ins Heilige Land zur Befreiung Jerusalems.

Der Neubau von Chartres

Um Chartres, das damals etwa 10 000 Einwohner hatte, auf dem weiten Plateau rings um die Ruine der alten Kirche (Abb. 4), entstand eine Art Goldgräberstadt mit Buden und Hütten für Steinmetzen, Maurer, Zimmerleute, Schmiede, Glasbläser und Mörtelmischer. Man muß sich Hunderte von Arbeitern vorstellen, dazu brachte die Bevölkerung mit Karren und Gespannen von weither Lebensmittel, Kühe, Esel, Ziegen und vieles andere Lebensnotwendige. Eine Versorgungsstadt, jahrmarktähnlich, entstand. Durch Stiftungen, durch Sonderabgaben der über 900 Gemeinden der Diözese, vor allem aber aus dem eigenen Reichtum des Domkapitels von Chartres kamen in wenigen Jahren große Summen für den Neubau zusammen. Wie für Chartres veranstaltete man auch bei anderen Kathedralenbauten mit den kircheneigenen Reliquien eine Art von »Werbetourneen«. Zum Beispiel reisten die Kleriker von Laon, um die Kathedralenreparaturen finanzieren zu können, durch Nordfrankreich und Flandern von Ort zu Ort, sammelten Spenden, wurden von Kaufleuten betrogen, auf der Überfahrt nach England sogar von Piraten ausgeraubt. Sieben Monate fuhren sie, ihre heiligen Kostbarkeiten zeigend und um Spenden bittend, durch die großen Orte Südenglands, obwohl man miteinander wieder einmal im Krieg lag. Doch das heilige Werk der Sammlung schuf eine Art Gottesfrieden. Mit reichen

4 CHARTRES, Südportale und Querschiffrose (1220–1250) und der clocher vieux, der vom Brand 1194 verschonte alte Südturm. Zu seiten der Querschiffe waren über den orgelpfeifenartigen Geschossen noch weitere Turmspitzen geplant.

Gaben kehrte man schließlich zum Bauplatz nach Laon zurück. Ein Geistlicher, Guibert de Nogent, hat die Odyssee dieses Kollektenzugs ausführlich in *De vita sua* beschrieben.

Finanzierung und Materialbeschaffung

Zur Finanzierung solcher großen Bauunternehmen wurden auch noch andere Methoden angewandt. Neben Basaren, in denen gestiftete Gegenstände – Schmuck, Kleider, Tiere – versteigert wurden, veranstalteten beispielsweise die Damen Mailands ein öffentliches Festspiel über die antike Geschichte vom Goldenen Vlies mit beziehungsvollen Anspielungen, um den Zuschauern das Gold für ihren Dombau zu entlocken.

Natürlich gab es auch in großem Ausmaß Beiträge praktischer Mitarbeit, vor allem im Rahmen von Hand- und Spanndiensten. Ein wenig tendenziös allerdings mutet der Augenzeugenbericht eines Abtes an, der schildert, wie »Fürsten, Edelleute, Männer und Frauen, ihre stolzen Nacken beugend, sich um Christi Willen wie Zugtiere vor die Wagen mit Wein, Getreide, Öl usw. spannen ließen« und so auch das Material, Holz und Steine für den Kirchenbau, schweigend oder Hymnen singend in frommen Prozessionen als gutes Werk oder zur Sündenbuße, herankarrten. Bei aller begeisterten, auch lokalpatriotischen Mithilfe der Bevölkerung muß man sich doch wohl die Durchführung der Organisation eines solchen Mammutunternehmens nüchterner und rauher vorstellen. Zumal im Hinblick auf die sozialen Strukturen des Mittelalters wird der Einsatz – ähnlich dem bekannten »ersten Spatenstich« durch eine prominente Persönlichkeit – mehr symbolischen Charakter gehabt haben.

Es wird berichtet, daß Pächter und Bauern Wagen, Karren, Ochsen- und Pferdegespanne zur Verfügung zu stellen hatten. Die Entlohnung dafür war minimal, oft auch wurden Zugtiere und Transportmaterial samt Begleitung zur Fronarbeit zwangsverpflichtet. Das Heranschaffen des Materials war zunächst das größte Problem. Steinbrüche mußten gefunden werden, möglichst

5 Die reich durchgebildeten Bogenöffnungen, die Kapitelle mit sprießenden Blättern und Kopfmasken, Mauerflächen, Halbsäulen und Blattgesims – jeder Stein einer gotischen Kathedrale kündet von präziser, makelloser Steinmetzarbeit (Arkaden des Chorumgangs in ROUEN, um 1200).

nahe der Baustelle, doch mit 20 km und mehr mußte man rechnen, wenn auch der weiche bildsame Kalkstein der Ile-de-France und der Champagne für die meisten Kathedralen fast vor der Tür lag. Die Entdeckung des Kalksteinbruchs von Pontoise, 14 km von Saint-Denis, gerade in dem Augenblick, als der Bau beginnen sollte, wurde von Abt Suger als Wunder empfunden und – propagiert.

Wenn nicht Lastkähne auf den Flüssen und Flüßchen benutzt werden konnten, entwickelte sich von den neu erschlossenen Steinbrüchen, wo die gebrochenen Felsstücke zunächst roh und maßgerecht behauen wurden, bis hin zu dem Bauplatz eine Art Ameisenstraße, auf der sich zahllose Karren und Wagen hin- und herbewegten; Fachleute haben für einen kleineren Abteibau über 35 000 Frachtfahrten innerhalb weniger Jahre ausgerechnet.

Steinmetzen und »imagier«

Maßgerecht werden, um nichts Überflüssiges transportieren zu müssen, die Steine zurechtgehauen. Steinmetzgehilfen arbeiten direkt neben dem Steinbruch nach Plan, nach Vorlage und Muster oder, wenn es sich um differenziertere Profile handelt, auch nach Holzschablonen. Mit Steinbruchmarke, Steinmetzzeichen und der Markierung für den künftigen Platz am Bau wird jeder Stein versehen.

Im Gegensatz zur Romanik, wo meistens der schon versetzte Stein erst skulpiert wurde *(après la pose)*, gehört zur gotischen »Bauhütte«, einer Budenansammlung neben der Kathedrale, unter anderem auch das Bildhaueratelier für die Figurenplastik. Diese Hütten rings um den Bau waren mit Pultdächern an die Seitenschiffwände angelehnt (Abb. 6). Dutzende von Steinmetzen mit ihren Gehilfen arbeiteten darin im Winter, wenn die Arbeit am Bau selbst ruhte, in der warmen Jahreszeit im Freien. Zahlen für die gleichzeitig an einem Bau werkenden Bildhauersteinmetzen fehlen. Wenn jedoch die volle plastische Besetzung an einer Kathedrale rund 2000 Figuren umfaßt – in Reims hat man

2300 gezählt – wie viele Steinmetzen haben dann, selbst wenn man, unter Abzug der oft sehr langen Unterbrechungen, in Jahrhunderten denkt, an einem solchen Bau gearbeitet? Nimmt man als gewissen Maßstab, daß laut Dokumenten am Hauptportal der Kathedrale von Rouen an den 34 großen Gewändestatuen, dem Tympanon und den Archivoltenfigürchen 15 Steinmetzen mit ihren Gehilfen 15 Jahre gearbeitet haben, dann bleibt jede Zahl hypothetisch.

Über die Figuren hinaus ist aber jedes Stück, jeder Stein an der Kathedrale mit Hammer und Meißel behandelt, die Blöcke der Wände und Pfeiler, die Dienste, Kapitelle, Rippen, Schlußsteine, Fialen, Wimperge, Krabben, alles Fenstermaßwerk – ein handwerklicher Masseneinsatz, der für uns unvorstellbar ist.

In der klassischen gotischen Kathedrale gehört alle figürliche Plastik zum Außenbau, sie repräsentiert und schützt das Gotteshaus vor der Welt. Die Westinnenwand von Reims und auch die Lettner bleiben Ausnahmen. Erst später finden, in Verbindung mit der Mystik, Figuren zur Andacht Aufstellung im Inneren, das Material wandelt sich vom Stein zum Holz. Der Flügelaltar mit seinen geschnitzten Figuren und dem oft viele Meter hohen »Gesprenge«, einem reich verästelten, mit Heiligen und Engeln blütenhaft besetzten Gitteraufbau, in die Tiefe des Chorraums zurückgezogen, löst in der Spätgotik gewissermaßen die breite Bühne der Drei-Portal-Fassade ab, wo biblische Gestalten und Engel in steineren Reihen die Gläubigen empfingen.

Neben dem Steinmaterial brauchte man für die Kathedralen Wälder von Holz für Gerüstbau, Leitern, Lastenaufzüge, Lager-

6 Stein für Stein wird der Bau des achteckigen Kathedralenturms ▷ hochgezogen. Die Zeichnung Jan van Eycks (34,5 x 18,5 cm) mit der heiligen Barbara im prismatisch-knitterigen Gewand davor, deren Attribut der Turm ist (da sie darin von ihrem heidnischen Vater eingesperrt wurde), zeigt die Steinmetzen unter dem Pultdach am Fuß des Turms, Hilfskräfte, die die Steine herbeitragen und -karren, dazu in der Höhe die Maurer, die die unten zurechtgeschlagenen Blöcke zum Strebegerüst des spätgotischen Architekturmals übereinandertürmen (Vorzeichnung für ein unvollendetes Gemälde. 1437. Koninklijk Museum voor Schone Kunsten, Antwerpen).

schuppen, Buden, Hängegerüste, Sparrenwerk der Seitenschiffe, für die sogenannten Lehrgerüste zur Aufmauerung der Strebebögen, Gewölberippen und Gewölbekappen, vor allem aber für die riesigen Dachstühle über Chor und Mittelschiff, von denen die Franzosen bezeichnenderweise als den *forêts* sprachen. Die ungeheuren Dachschrägen waren mit schimmernden, manchmal obendrein gravierten Bleiplatten gedeckt oder auch mit polychrom glasierten Ziegeln. Ein gutes Beispiel dafür ist in dem Dach des Stephansdom in Wien erhalten geblieben bzw. wiederhergestellt worden: Bunte Zickzack- und Rautenmuster überziehen in drei Streifen die gewaltige Fläche (Abb. 7).

Platz für den neuen »Tempel Salomonis«

Wohl das erste große Problem beim Kathedralenbau war es, mitten in der Enge der hinter den Stadtmauern zusammengedrängten Häuserherde einen Platz zu finden. Ergab sich kein freier Raum durch einen älteren Bau, der abgerissen werden sollte – manchmal half auch, wie im Jahr 1194 in Chartres, eine Feuersbrunst –, so wurden die Menschen, epidemisch angesteckt vom Kathedralenrausch, hingerissen oder auch hinbefohlen zur höheren Ehre Gottes, Häuser und Hütten aufzugeben und abzureißen, um Platz zu schaffen für den neuen »Tempel Salomonis«, dieses wiedererkannten, visionär erschauten steinernen Abbilds des Himmels. In Bourges wurde 1194 für die neue Kathedrale die alte Stadtmauer niedergelegt. Die Apsis der alten romanischen Kirche hatte in der Mauer eine Art halbrunden Wehrturm gebildet, jetzt durchstieß der neue riesige Chor der fünfschiffigen Kathedrale die Mauer in großer Breite (Abb. 8).

◁ 7 Das riesige Dach von Sankt Stephan in WIEN, dem östlichen Vorposten des mittelalterlichen Europa, ist bedeckt mit Tausenden von glasierten Buntziegeln. Steil wie ein gewaltiges Zelt steigt es auf. Man fühlt sich an den Glanz östlich-byzantinischer Mosaiken, im Zick-Zack-Muster der Flächenteile an Nomaden-Teppiche erinnert.

8 BOURGES, Chor der Kathedrale. Wie Haltetaue klammern die doppelten Strebebogen die fünf Schiffe der Kathedrale zusammen. Der riesige Bau (geweiht 1266) durchstieß mit seinem Chor die engen Mauern der Stadtbefestigung (vgl. Farbtafel 7, Abb. 25).

Das Areal, das im Ortskern freigeschlagen werden mußte, dürfte mindestens 200 m lang und 70–80 m breit gewesen sein. Wie eingeengt der Atemraum der hohen Bauten trotzdem ist oder im Lauf der Zeit wieder wurde, spürt man in Amiens, Straßburg, Beauvais oder Laon, wo sich die Gassen und Straßen an der hohen Wand des Steinbaus totlaufen. Dennoch gehört solche Enge zur Kathedrale, die schirmend und schimmernd die Stadt überragt. Wird wie in Ulm der riesige Leib des Münsters im 19. Jahrhundert aus mißverstandener Ästhetik freigelegt, geht die dynamische Kraft des Baus verloren. Er steigt nicht mehr aus dem Häusermeer heraus, sondern wird durch die Leere ringsum neutralisiert.

Für Bauhüttenbudenstadt und Lagerplätze muß man zu dem Kathedralengrundriß mindestens noch einmal die gleich große Fläche hinzurechnen, die erst später durch Bauten wieder zuwachsen wird.

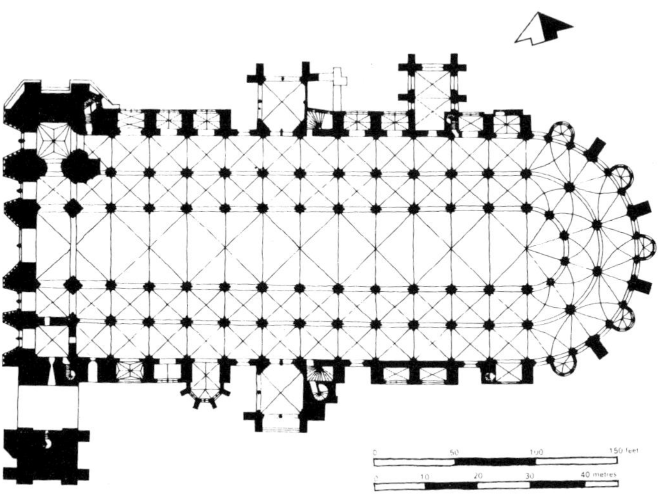

9 Grundriß der Kathedrale von BOURGES. Im Mittelschiff erkennt man die sechsteiligen Gewölbejoche (vgl. Abb. 26) und die komplizierte Führung der Rippen im doppelten Chorumgang.

»Werkleute sind wir, Knappen, Jünger, Meister
und bauen dich, du hohes Mittelschiff.
Und manchmal kommt ein ernster Hergereister,
geht wie ein Glanz durch unsre hundert Geister
und zeigt uns zitternd einen neuen Griff.«

Rainer Maria Rilkes hochpoetische Vorstellungen vom Bauvorgang an einer Kathedrale werden den Wirklichkeiten des 13. Jahrhunderts wohl kaum gerecht, und wenn er fortfährt:

»Wir steigen in die wiegenden Gerüste,
in unsern Händen hängt der Hammer schwer ...«,

so ist dieses Bild eher die Komposition für ein Gemälde, eine Bühnenszene mit Staffage. Die Architekturhistorie sieht realistischer aus. Doch bleibt vor all diesen steinernen Giganten die Rätselfrage: Wie konnten sie überhaupt gebaut werden, ohne moderne Technik und deren Hilfsmittel? Nicht unter Chorälen und Lobgesängen fügten, wie vom himmlischen Baumeister selbst angewiesen, Volksmassen die Quader zusammen, türmten sie übereinander und wölbten die Decken, wenn auch romantisch fromme Vorstellung das früher gern geglaubt hätte. War überhaupt, fragt man, ein Architekt im modernen Sinn da, der den Bau entwarf? Und weiter: Wer war das Genie, gab es das überhaupt? Oder entstand die klassische Kathedrale, die Vorbild für eine ganze Epoche wurde und einen Stil – die Gotik – prägte, letztlich so »anonym wie die großen mathematischen Entdeckungen oder die klassischen Experimente der Naturwissenschaft« (von Simson)? Wohl sind eine Reihe von Baumeisternamen bekannt, Baumeister, deren tatsächliche Funktion am Bau oft nicht ganz deutlich wird. Sie werden für französische und englische Kathedralen, für Münster und Dome in Deutschland, der Schweiz und Italien genannt. Doch sind es alles spätere Nachrichten. Die Erfindung, die Entstehung des tausendfach verästelten Formsystems der gotischen Kathedrale fand nicht am Reißbrett statt, sie war ein komplizierter, spekulativer Denk- und Formungsvorgang, in dem in Stein ein Thesengebäude aus Frömmigkeit, Philosophie und Politik aufgetürmt und übereinandergegiebelt wurde, mit einer »irrationalen Freude« (P. Meyer) an allen selbstgewählten, selbst aufgesuchten Komplikationen und deren theologisch-mathematischen »Lösungen«.

Der Anteil der Theologie, speziell des Abtes Suger von Saint-Denis, am Bild der neuen Kathedrale muß noch besprochen werden. Was jedoch die bautechnische Seite anbelangt, kann es keine Frage sein, daß die Kathedrale ein Werk von Fachleuten, von auf allen Gebieten des bisher üblichen Bauens und Bildens erfahrenen, weit gereisten Spezialisten war. Zu einer solchen komplizierten Fülle von Einzelheiten unter *einem* großen Baugedanken gehörte ein einigender Kopf. Und dennoch bleiben diese Persönlichkeiten mit ihrem Werk im Halbdunkel, wenn die Namen auch in Chroniken, Dokumenten und auf Grabtafeln rühmend festgehalten sind. Der Anteil des einzelnen am Bauwerk wird nicht deutlich. Es wächst in mehreren Generationen auf, nach einem immer wieder abgewandelten – für manche Bauten uns erhaltenen – Urentwurf.

Kunsthistoriker versuchen an Bauabschnitten Baumeisterindividualitäten zu unterscheiden, Planänderungen festzustellen, schälen im plastischen Programm der Portale Meisterhände heraus, die sie da und dort wieder auftauchen sehen, erkennen Minderes als Werkstatt- und Gehilfenarbeit. Doch kein Werk von persönlichem Atem ist aufzuspüren, diese ganze Kunst bleibt im Anonymen. Das ist anders auch nicht denkbar, denn kein Künstler der Kathedralenzeit wollte – im modernen Sinn – sich selbst ausdrücken. Er fühlte sich vielmehr in allem als Erfüllungsgehilfe eines höheren Auftrags, der sich für ihn mit Gott, Religion, Kirche, Bischof, Domkapitel umschrieb und personifizierte. Der Bau, den er auf Pergament oder auf Gipstücher aufzeichnete, in großen Formen und Details, jedes Material, das er bearbeitete, die Figuren, die er selbst aus dem Stein herausschlug, alle die Bauglieder, die er in Proportionen untereinander verschränkte – damit wollte er nicht »Kunst« machen, sondern einen Teilbeitrag liefern zum großen *ordo coeli et terrae* des mittelalterlichen Glaubensgebäudes. Darum verschwindet der Schöpfer der Kathedrale hinter seinem Werk, so wie die »Persönlichkeit« in den Gestaltenreihen der Portale gleichsam hinter Einheitsmasken verborgen bleibt, noch nicht aus dem Stein erweckt.

Aus der Anonymität der Werkscharen am Bau wuchs der künftige Meister schrittweise heraus. War der Baumeisterberuf in seiner Familie zu Hause und hatte der Anfänger dadurch schon Erfahrung und Kenntnisse in den Wissenschaften des *Quadriviums,* dem zweiten Teil der freien Künste, d. h. in Geometrie und Arithmetik, ergänzt durch Musik und Astronomie, begann er zunächst als gewöhnlicher Steinmetz im Steinbruch mit der Bearbeitung von Quadern. Bewährte er sich, wurde er »Freimaurer« und durfte dann nach Modell Rippen, ornamentalen Schmuck an Kapitellen aus dem Stein hauen. Als nächste Stufe avancierte er zum *imagier*, zum Figurenbildhauer. Dann erst konnte er zum Baumeister aufsteigen. Auch als leitendem Mann am Bau unterstanden ihm weiterhin Planung und Herstellung des gesamten Figurenschmucks und aller plastischer Dekoration.

Villard de Honnecourt

Wie wichtig die Skulptur für den Architekten war, zeigt das Bauhüttenbuch des Kathedralenbaumeisters Villard de Honnecourt aus dem 13. Jahrhundert. Auf den erhaltenen 33 Blättern sind 163 Figuren und Figurengruppen wiedergegeben, also weit mehr als Architekturansichten und Baudetails. Mit den graphisch wundervoll akkuraten Zeichnungen nach plastischen Bildwerken (Abb. 10), die er auf seinen Wanderfahrten gesehen hatte und in seinem Musterbuch als Vorlagen für eigene Arbeit sammelte, wird Wilhelm Vöges Vermutung unterstrichen: »Unter den Figuren der Hauptportale verbergen sich die leitenden Architekten, die Baumeister-Bildhauer.«

Sie waren noch mehr als das. Im Handwerk des Bildhauens, im Entwurf der Fassaden und Raumglieder ihrer Bauten machten sie eine höhere Geometrie, ein Bezugssystem der Formen und

10 Johannes in Villard de Honnecourts »Bauhüttenbuch« ist als Vorlage kopiert nach einer Plastik im »Rieselstil« des mittleren 13. Jahrhunderts, wie er am Straßburger Münster auftritt (vgl. Abb. 96).

Proportionen sichtbar; sie fühlten sich als Fortsetzer der von Gott geschaffenen harmonikalen Ordnung des Kosmos. Geometrie – das war die tiefste Weisheit der Natur, und der Schöpfer selbst wurde in zeitgenössischen Buchillustrationen als der große Geometer mit Zirkel, als Baumeister und Architekt dargestellt, der sich, das ganze Blatt füllend, über die kohlkopfgroße Erde beugt (Farbtafel 15). Wieder wird deutlich, daß Architektur und Bildkunst im Grunde nichts anderes sind als die theologische Vorstellung der Zeit, transponiert in ein anderes Medium.

Die göttliche Geometrie

Der poetische Ausdruck Friedrich Schlegels, Architektur sei »gefrorene Musik«, ist nicht nur geistreiches Aperçu eines romantischen Intellektuellen, sondern impliziert in Wahrheit eine mathematische Realität. Im Tempelbau der Antike reichen die harmonikalen Verhältnisse von der Basis, vom Stylobat über Säulen und Säulenintervalle bis zu Gebälk, Metopen und Giebelfeld, so daß Goethe, die stumme Musik in solcher Ordnung empfindend, in »Faust II« dichtet: »Der Säulenschaft, auch die Triglyphe klingt, ich glaube gar, der ganze Tempel singt«. Doch ebenso sind an anderen sakralen Bauten, an den exemplarischen Bauten der Kathedralen, Maß- und Proportionsverhältnisse »Gesang«. Die pythagoreische Sphärenmusik, die seit Augustinus in die christlich-theologische Vorstellungswelt eingegangen war, wird in den Intervallteilungen, wie sie Pythagoras am Monochord abgegriffen und hörbar gemacht hatte, zum Exempel auch für den gotischen Baumeister, der den Proportionskanon seiner Maße im Verhältnis der fortschreitend unterteilen Saite nach Prim (1:1), Oktav (1:2), Quinte (2:3), Quarte (3:4) und Terz (4:5) aufbaut.

Das alles erscheint auf den ersten Blick dem modernen Menschen allzu abstrakt und rein spekulativ, aber die schon zitierte »irrationale Freude« an einem übersteigerten Immer-noch-nicht-Genug an Form und Formbezügen (im Strebesystem des Außenbaus!) treibt auch hier im Suchen und Finden und Aufzeigen der »Stimmigkeiten« ihre Blüten.

Proportion und Harmonie

Um nur ein Beispiel aufzuzeigen, wie sich aus der Grundform, dem Quadrat (Prim = 1:1), die ganze Figur einer Fiale in Höhe und Gliederung entwickelt, sei auf Abbildung 11 verwiesen. Matthäus Roriczer, einer der Erbauer des wundervollen Hallenchors von Sankt Lorenz in Nürnberg, hat am Ende der Gotik, im Jahre 1486, in Regensburg ein »Büchlein von der Fialen Gerechtigkeit« herausgegeben, in dem ein Stück des alten Bauhüttengeheimnisses niedergeschrieben ist. Das besagt: Aus dem Grundriß wird der Aufriß abgeleitet. Wie in der Kathedrale die Grundeinheit des Quadrats mit Addierung und Dividierung die Joche von Haupt- und Seitenschiffen bestimmt und

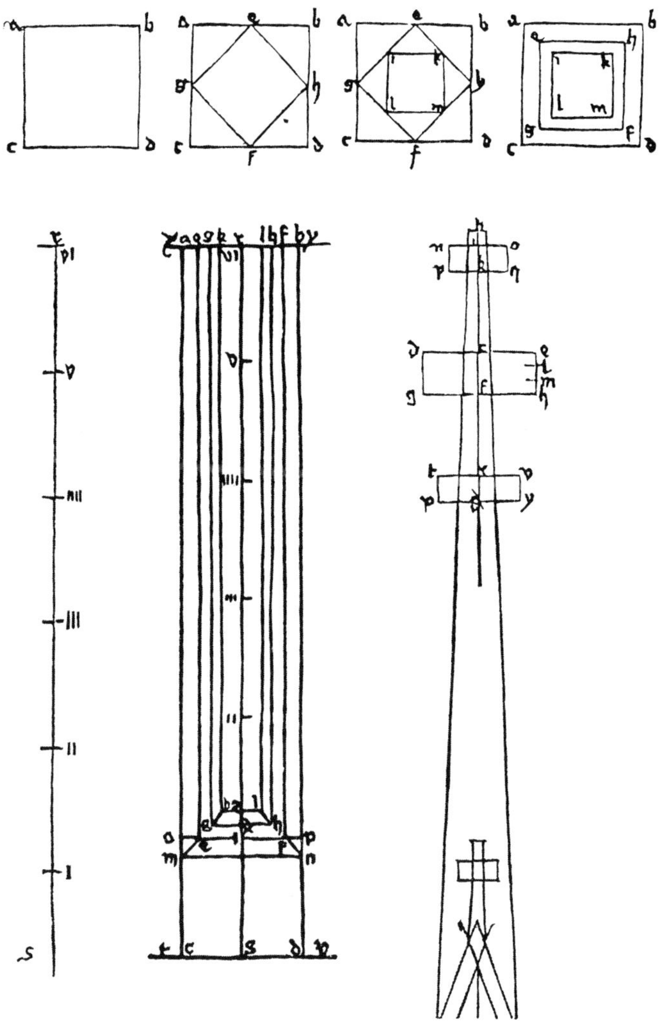

11 Konstruktion und Aufbau einer Fiale aus Matthäus Roriczers »Büchlein von der Fialen Gerechtigkeit« (1486).

daraus auch die Höhenmaße entwickelt werden, so wird auch eine ganz einfache, nebensächliche Fiale *ad quadratum* aufgebaut, indem in ein Grundquadrat jedesmal übereck die nächsten einbeschrieben werden. Diese bestimmen die obeliskenartige Verjüngung der Form nach oben und die Breite der Kreuzblumenteile. Für die Höhe der ganzen Fiale wird die Seitenlänge des Grundquadrats mal 6 genommen.

Wie die Proportionen etwas »Heiliges« sind, Symbol der göttlichen Ordnung des Kosmos, so bedeutet das Quadrat das Symbol der Vollkommenheit, im Bau ebenso wie für den Menschen: Ein *homo quadratus* heißt, rechtschaffen sein, nach allen Seiten »rechtwinklig«, in Kopf, Herz, Tun und Sein.

Dieses »aus dem Maß Arbeiten« oder »aus rechtem Maß«, wie es in den Bautexten der Zeit steht – das heißt jedoch nicht aufgrund von Zahlen, sondern von Proportionen –, war schon deshalb nötig, da es in all den Städten und Landschaften, in Mönchsorden (z. B. bei den Zisterziensern) eine Unzahl unterschiedlicher Maße wie Zoll, Elle, Fuß, Spanne, Yard usw. gab, von Ort zu Ort, diesseits und jenseits der Alpen oder des Kanals so verschieden, daß ein Grundmaß wie das Quadrat, aus dem sich in Proportionen, Unterteilungen und Addierungen eine Fülle von baueigenen Maßen entwickeln konnte, zur Verständigung der Bauleute als »Nenner« für alle weiteren Formen notwendig war. Diese Proportionen werden von dem leitenden Architekten, dem Baumeister, dem Hüttenmeister, der in der »Zeichenkammer« der Bauhütte arbeitet, mit dem Zirkel entwickelt. Die Risse von Fassaden, Türmen, von Grundflächen der Kirchen, dem Querschnitt, den Seitenwänden der Schiffe, dem Fenstermaßwerk, dem Strebesystem und den Wimpergen bauen sich aus solchen Verhältnissen auf (Abb. 12).

Der Wohlklang, das Zusammenstimmen aller Teile und, daraus resultierend, das ästhetische Wohlbehagen, das der Besucher – eben als »die Kunst« – empfindet, wenn ein solches formdurchdachtes Ambiente die eigene Person »erhebt«: Aus allem spricht das Wirken der Wundermacht Geometrie, die die Kathedralenarchitekten verehrten, als deren höchsten Meister sie den Weltenschöpfer selbst ansahen.

12 Entwurf des Kölner Baumeisters Johan Hültz (um 1419). In die quadratischen und länglichen Trapezrahmen ist ein »choreographisch« vollendeter Reigen von unzähligen Zirkelschlägen einbeschrieben, das steinerne Stickmuster für den Turm des STRASSBURGer Münsters, der Turmpyramide von Freiburg (Abb. 98, 99) nachempfunden. Der Entwurf (eine Pause nach dem Original, das verschollen ist, befindet sich heute im Musée de Strasbourg) wurde nicht verwendet.

13 Das »Labyrinth« von CHARTRES hat bei 12,5 m Durchmesser eine »Lauflänge« von 305 m. Inmitten dieses in den Fußboden eingelassenen Rundwegs war der Baumeistername angebracht, ein Symbol für den langen Weg des Heils, zugleich Ausdruck der Affinität zum Ur-Baumeister Daedalus, der in Kreta das Labyrinth für König Minos errichtete.

Die »Labyrinthe«

Diese Baumeister werden sich bewußt gewesen sein, zu welch hoher Zunft sie gehörten, aber ebenso, daß der Weg der Erkenntnis – und das im Doppelsinn von Wissenschaft und Glauben – ein mühseliger war. Anders kaum sind jene seltsamen »Labyrinthe« in Fußbodenmosaiktechnik zu erklären, von denen nur noch das in Chartres erhalten ist (Abb. 13), die sich aber auch in anderen Kathedralen befunden haben. Im Labyrinth von Chartres, einer Kreisform mit 12 m Durchmesser und einer Weglänge von über 300 m, fehlt allerdings das Entscheidende: die Platte im Mittelpunkt mit dem Baumeisternamen. In Amiens ist das ganze Labyrinth zu Anfang des 19. Jahrhunderts verschwunden, in Reims hat ein unwilliger Chorherr es abbauen lassen, da es die Kinder unentwegt als Hüpfweg benutzten, nur einige Platten mit den Meisternamen sind noch erhalten. Aber nicht nur Symbol, auch selbstbewußtes Markenzeichen und steinerne Signatur auf dem Paviment der von ihnen errichteten Kathedralen bedeuteten diese Labyrinthe der Baumeister. In ihrer eigenwilligen Form sollten sie Hinweis darauf sein, daß hier echte Nachfolger des mythischen Ur-Baumeisters Daedalus am Werk waren, der für Minos das Labyrinth erfand.

Seit Beginn der neuen komplizierten Bauaufgaben, die das gotische System mit sich brachte, kamen die Baumeister nicht mehr aus dem geistlichen Stand, sondern waren Laien. Darum rangiert in den Dokumenten der Baumeister stets hinter dem Klerus, hinter dem Bischof, dem Domherrn und den Mitgliedern des Kapitels, den *canonici operis ecclesiae*, in deren – bisweilen korrupten – Händen Finanzierung und Ausgaben lagen. Ihnen und natürlich dem Bischof mußten alle Entwürfe vorgelegt werden; erst deren Placet, vor allem zum Figurenschmuck, dessen theologisches Programm meist mit von ihnen ersonnen war, gab dem Bildhauer und dem Glasmaler die Arbeit frei.

Die Bauleiter solcher Riesenunternehmen mit Hunderten von Arbeitern sind nicht mehr Hand-Werker im gewöhnlichen Sinn. Ihnen unterstehen Poliere, Steinmetzen, Maurer, Zimmerleute, Glasbläser, Werkzeugschmiede und viele andere Hilfskräfte. Sie sind Männer mit wachsendem Ansehen – und stattlichen Einnahmen. Darüber kommt es ausgerechnet bei den Klerikern zu Unmutsäußerungen: Die Herren Baumeister gäben nur Anweisungen, arbeiteten selbst nicht, bekämen aber dafür noch viel Geld. Es gibt Fälle, wo berühmte Baumeister, um sie am Bau zu halten, vom Bischof der heranwachsenden Kathedrale mit Pfründen und Sonderzuwendungen bedacht wurden.

Der Bauleiter, ursprünglich *lathomus*, später *magister lathomus*, d. h. Meister der Steinhauer, wird zum *magister operis*, zum Chef des Ganzen. Allerdings gehen die Bezeichnungen durcheinander, manchmal wird in den Dokumenten auch der Finanzkleriker so genannt. Das Wort *magister* zeigt den sozialen Aufstieg des ehemaligen Handwerkers, der sich jetzt auch durch Tracht und Kleidung vom Handwerker unterscheidet. Er fühlt sich nun zum Kreis der Akademiker, der Wissenschaftler gehörig. Mit welchem Selbstgefühl, das besagt die monumentale steinerne Inschrift, die sich Meister Erwin (von Steinbach) selbst gesetzt hat, während er noch am Straßburger Münster baute. Der Stein steht heute noch im Museum neben dem Münster: »1316. Dieses Werk hat Meister Erwin geschaffen. Magd des Herrn, möge mir nach deinem Wort geschehen. Amen.« Erwin starb 1318.

Erwin von Steinbach, dessen Name seit Goethes Hymnus unlöslich mit dem Münster verbunden ist, ist nur einer aus der Kette der Baumeister am Münster, die über einen Zeitraum von mehr als 250 Jahre reicht. Er ist nicht der Schöpfer des gotischen Langhauses, das mitten in der Zeit seines Wirkens in Straßburg niederbrannte. Nur die durchgitterte Fassade des Untergeschosses, von der er wiederum nur ein Stück selbst ausgeführt hat, ist übrig geblieben von seinem Plan, dem berühmten Riß B mit den Doppeltürmen, 2,75 m hoch, auf Pergament minutiös gezeichnet, heute ein einzigartiges Dokument im Straßburger Museum.

14 Grabplatte des Kathedralenbaumeisters Libergier in REIMS (gest. 1263). Er hält das Modell einer von ihm erbauten Kirche im Arm. ▷

Steinerne Scholastik

Steht man dicht vor der Querwand einer gotischen Kathedrale oder den ragenden Steinmasten ihrer Strebepfeiler, so fallen Bohrlöcher auf, etwa jeweils in der Mitte der Blockfläche. Der Blick springt die Wand hinauf, von Stein zu Stein, überall kehren diese Löcher wieder: kein Schmuck, keine Markierung irgendwelcher Art, sondern Spuren, die die technische Intelligenz der Erbauer verraten. Diese Löcher wurden für die Greifarme der Steinzange geschlagen. Von dieser umklammert, wurden die Blöcke, deren Gewicht die Arme zusammenzieht, mit Seilwinden an dem Bau hochgezogen.

Die Löcher, allerdings oft überschlämmt, sind eine erste primitive Spur. Tastet man den ganzen Bau ab, dann summieren und steigern sich diese Spuren, Entdeckung folgt auf Entdeckung, das Bild der Kathedrale wächst zu einem Geflecht scharfsinnigster und kühnster Konstruktionseinfälle zusammen, deren Leitlinien oft über alles Praktisch-Notwendige hinausgehen. Das 19. Jahrhundert, die Ära des Crystal-Palace, des Eiffelturms, der verwegenen Hoch- und Eisenbahnbrücken, sah in der gerade wiederentdeckten Kathedrale den künstlerischen Gesinnungsahnen, weil es nur das Funktionelle darin erkannte und die Mittel als Zweck nahm. Diese Mittel alle aber dienten einem Zweck und Inhalt, hinter dem die modernen säkularisierten Vorstellungen von Baukunst weit zurückblieben. Ziel war es, ein Sinnbild des »Himmlischen Jerusalem« zu schaffen, ja, des Kosmos, auch mit seiner dunklen Nachtseite, die vom Licht

15 Der liegengebliebene Bau des KÖLNer Doms. Holzschnitt von Anton Woensam (1531). Der Chor des Doms wurde 1322 geweiht. Der Südturm (mit dem Baukran) und der übrige Bau wurden erst im 19. Jahrhundert nach den aufgefundenen alten Plänen fertiggestellt – Symbol der erhofften deutschen Einigung (Weihe 1880).

besiegt wird. Im Nachvollziehen der statisch aufbauenden Kräfte wird jedoch auch die Geistigkeit dieser Architektur, der »Ur-Fügung« aller Elemente, spürbar. Gottfried Semper, selbst ein hochbegabter Eklektiker-Baumeister des 19. Jahrhunderts, prägte dafür das Wort von der »steinernen Scholastik«.

Der Platz für die gotische Kathedrale ist also gefunden und abgesteckt. Der Bau selbst beginnt im allgemeinen im Ostteil, denn zuallererst mußte das Allerheiligste, der Altar mit den Reliquien des Kirchenheiligen, ein neues Haus haben, dann erst konnte das Langhaus mit Haupt- und Seitenschiffen für die Gemeinde folgen.

Am Beispiel des Kölner Doms ist dieser Ablauf abzulesen. Als nach etwa 100 Jahren (1322) der Chor fertig war, wurde er geweiht und mit Brettern abgeschlossen. Dann erst baute man am Südturm weiter, und auch das Langhaus für die Gemeinde wuchs noch ein Stück auf. Doch diese Teile blieben Torso: Ab Mitte des 16. Jahrhunderts – die Reformation war ausgebrochen und stellte alle solche hybriden Glaubensbauten in Frage – wurde die Arbeit am Bau eingestellt. Im 19. Jahrhundert erst wird der Dom als nationales Symbol entdeckt und nach wiederaufgefundenen Plänen vollendet. Auf vielen alten Holzschnitten und Kupferstichen überragt der Baukran auf dem Stumpf des Südturms das Stadtpanorama wie ein Wahrzeichen (Abb. 15).

Krypta und gläserner Schrein

Das gotische Bauprogramm sah keine Krypta mehr vor. Doch blieben diese kellerartigen Unterkirchen der Romanik und Vorromanik unter dem Chorraum, eine Art später, dunkler Erinnerung an die Katakombenzeit des frühen Christentums, oft aus älteren Bauten erhalten und wurden pietätvoll dem Neubau eingefügt. Im allgemeinen aber werden die Reliquien, die in der Krypta wie in einem Kultgrab ruhten, jetzt aus dem Dunkel ans Licht gebracht, nach oben, in der Mensa des Hauptaltars oder in einem erhöhten Schrein im Chor aufgestellt, ein

Glaubensobjekt für die ganze Gemeinde. Mit aller Kostbarkeit wird diese Stelle architektonisch umgeben.

In der höchsten Blüte des gotischen Stils wurde gleichsam ein gläserner Schrein, eine leuchtende Kristallglocke, über die Fläche des Chorraums gestülpt mit dem dichten Spalier der bunten Fenster. Vollendetes Beispiel: die Sainte-Chapelle auf der Ile-de-la-Cité in Paris (Farbtafel 4), die Palastkapelle der französischen Könige aus der Mitte des 13. Jahrhunderts, als kostbares Reliquienbehältnis gebaut; ihre noch grazilere Wiederholung ist, rund 60 Jahre später, in Aachen dem Oktogon des Karlsmünsters angefügt, in deren Mitte der Schrein mit den Gebeinen Karls des Großen steht. Ähnlichen Gralstempelcharakter hat auch der Kölner Domchor mit dem Schrein der Heiligen Drei Könige, deren Reliquien Friedrich Barbarossas Kanzler Reinald von Dassel 1164 im Triumph von Mailand nach Köln geführt hatte.

Schon die erste gotische Kathedrale in Saint-Denis bei Paris sammelte allen vielfältigen gestalterischen Ausdruck im Chor als doppeltem Rundgang um die Grabstätten der französischen Könige, von dem sich nach außen neun Kapellen wie farbige Knospen öffnen, durch deren »heiligste Scheiben wundervollstes Licht eindringt und das Innere mit Schönheit erfüllt« (Abt Suger in *De consecratione ecclesiae santi Dionysii*).

Chor und Fassade

Beim Bau der Kathedrale Saint-Denis wird der Dualismus, die Spannung zwischen dem Allerheiligsten, dem Chorraum, und der Westfassade, der repräsentativen Wendung an die Welt, an die Gemeinde, an die Christenheit, deutlich. Hier, an diesen beiden Punkten, Chor und Fassade, liegen auch die beiden künstlerischen Hauptaufgaben der Kathedrale: das große plastische Bilderbuch, vor dem Ankömmling aufgeschlagen, neben der bildhauerischen eine große ikonologisch-theologische Aufgabe, und am anderen Ende des Baus der Chor, höchste Leistung des Architektonischen, mit dem Ziel, den schreitenden Rhythmus der Säulen und Joche zu verkürzen und endlich über dem dicht gewordenen runden Kranz der Säulen die letzten acht Rippen strahlenförmig auf einen Punkt zusammenzuführen, damit das Halbrund des Chorraums sich in sich selbst schließt – eine Art krönender Sternbaldachin über dem heiligsten Platz des Meßwunders (Abb. 16).

Die Kathedrale: ein Weg

Die Kathedrale ist kein in sich ruhender Bau, sondern ein Weg. Schon das Erlebnis, daß dieser mit drei oder fünf Portalen an der mit Figuren überfüllten Fassade sich wie mit weiten Armen öffnet und dann durch die hohe schmale »Palmenallee« des Hauptschiffs auf ein Ziel, den Altar hinführt, oder daß dieser Weg umbiegt im Umgang um das Allerheiligste, in dem die Züge der Seitenschiffe ineinander münden, und jeweils auf der anderen Seite zurückführt, ist ein dynamisches, »peripatetisches«: Der Bau fordert auf zu wandern, näher zu kommen.

Doch neben dem Wegecharakter gibt es noch die andere Dimension des Kathedraleninneren, die einen vom Wege, vom Boden »enthebt«: die Fülle der Vertikalen, die nach oben in der Krümmung und Dunkelheit der Gewölbe – falls das originale magische Licht noch vorhanden ist – gleichsam entschweben. Alle diese Kräfte, die auf den Besucher eindringen, mobilisieren und beunruhigen ihn. Arnold Hauser sagt in seiner »Sozialgeschichte der Kunst«, der Bau befinde sich in einem »Zustand des Werdens, er entsteht gleichsam vor unseren Augen (rings um unsere Person), er stellt einen Prozeß, nicht ein Ergebnis dar« und erlaubt nur »in der Form einer Bewegung, eines Aktes der Nachkonstruktion sich ein Bild von dem Gesamtwerk zu machen«.

16 AMIENS, Chor der Kathedrale (vollendet 1269). Nach den gleichmäßigen Jochen des Langhausgewölbes bündeln sich im Chor die Rippen zu einem halben Strahlenstern, mit tiefen Schluchten hin zu den weiten Öffnungen der Fenster. ▷

Diese persönliche Nachkonstruktion des Aufbaus aus allen Formen, von den Fundamenten angefangen, über das Aufrichten der Mauern und das Schlagen der Schwibbögen hinüber auf die Strebepfeiler bis zu dem Spannen der Gewölberippen über den Abgrund des Schiffes und dem Einsetzen der Filigransteingitter des Maßwerks in die bis zu 20 m hohen leeren Fensterhöhlen – alles das ist ein Erlebnis, das eigentlich nur am Bau selbst erfahren werden kann.

IV ELEMENTE DER KATHEDRALE

Der Bauvorgang

Das Nicht-Sichtbare dieses großen Baukörpers, aber die entscheidende Voraussetzung, die Grund-Lage, sind ihre Fundamente. Was im Boden steckt, damit die Vieltausend-Tonnenlast der Pfeiler, Säulen, Türme und Gewölbe nicht ins Wanken gerät oder allmählich absackt, gehört von vornherein mit zur Baukonstruktion: breite Steinfundamente in den Aushub für Mauern und Pfeiler oder, in moorigem Gelände, ein dichter Pfahlrost von Eichenstämmen für die Türme, der dann viele Jahrhunderte trägt. Erst bei Veränderung des Grundwasserspiegels, verursacht durch neuzeitliche Industrie und Wasserwirtschaft, wurden Bauten in ihren Grundfesten gefährdet und begannen Türme zusammenzubrechen wie San Marco in Venedig, oder es wurde notwendig, sie durch moderne Subkonstruktionen oder neuartige »Impfmaßnahmen« zu retten (Münster in Straßburg).

Der Bau begann in der Regel mit den Außenmauern der Seitenschiffe im Osten. Wurde dann später das Mittelschiff mit seinen Pfeilern, Füllwänden, mit Triforium und Oberlichtfenstern über die Linie der Seitenschiffe hochgezogen, verspannte man die Mauern häufig mit Zugankern, wie man sie jetzt noch in italienischen Kirchen (Dom in Florenz) sieht und wie sie zur Sicherung gotischer Gewölbe bis in die moderne Zeit eingezogen wurden. Waren später für die Hochschiffwand die Stützkonstruktionen der ragenden Strebepfeiler mit ihren fliegenden Bogen errichtet und die Seitenschiffgewölbe geschlagen, wurde diese Behelfskonstruktion wieder entfernt.

17 Der Chor von Notre-Dame in PARIS, entworfen von Pierre de Montreuil, von Jean Ravy im 14. Jahrhundert gebaut, hat die elegantesten Strebebögen, die bis zu 15 m überspannen.

Emporen, Pfeiler, Dienste

Die frühen Kathedralen sicherten ihre Höhe noch anders. Mit Emporen über den Seitenschiffen, einem Erbteil der Romanik, zogen sie den festen Gürtelring um das Mittelschiff ein Stück höher. Erst im klassischen Chartres verschwindet dieser Mantel. Emporenkirchen, wie die in der Entwicklung der Kathedrale frühe Notre-Dame in Paris (Abb. 17), hatten über ihren Seitenschiffen ursprünglich keine Strebebögen, und auch dem frühen kraftvollen Bau von Laon um 1180 fehlt die Kühnheit solcher Steinbrücken, die den Druck, oft in zwei Bögen übereinander, hinüberwerfen auf die Strebepfeiler. Der Bau von Laon wird nur mit Strebemauern zusammengehalten, die aus den Seitenschiffen und Emporen herauswachsen, mit kleinen Viertelbögen darüber. Die Wände des Mittelschiffs, die sich über die Arkadengänge der niedrigen Seitenschiffe erheben, erscheinen dem Eintretenden – vor allem in der Perspektive – nicht als Wände, sondern als Pfeilerallee, als Pfeilergerüst, zwischen das von unten nach oben immer löcheriger, immer durchlässiger werdende Geschoßzonen gespannt sind. Wie aufgeschlitzt erscheinen die Wandflächen zwischen den Pfeilern.

In den späteren Hallenkirchen werden diese Schlitze nach oben hin so weit aufgerissen, daß von der ganzen Wand nur noch Pfeiler stehen bleiben, die, sich in Rippen ausfächernd, ins Gewölbe übergehen (Abb. 19).

In der klassischen Kathedrale wird die Wand zunächst bis zur Höhe der »Scheidbögen« eliminiert, d. h. bis zu den Spitzbögen, die das Seitenschiff vom Mittelschiff »scheiden«. Als nächste Stufe haben sich die Spitzbögen »wie die Schenkel eines Zirkels« (P. Meyer) so weit öffnet, daß von der Wand auch hier nur noch Pfeiler übrigbleiben. Hier beginnt die große Verwandlung des Baus. Er fängt an, gleichsam in dem Gerüst der Pfeiler zu schweben. An diesen laufen von unten her plastisch griffige Halbsäulen – »Dienste« – hoch, durcheilen die Geschosse und lassen diese dabei fast neutral, wie entkörpert, erscheinen. Die Bänder der Querzüge, Gesims und Triforium, treten zurück: Die Vertikale hat die Horizontale besiegt. Der bunt leuchtende

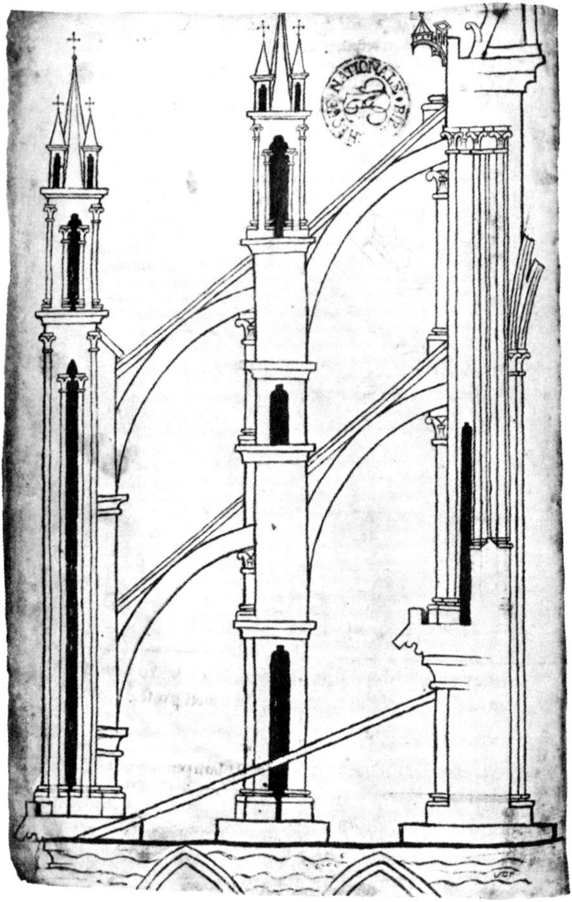

18 Das Strebewerk am Chor von REIMS mit doppelten Schwibbögen und Tabernakeltürmchen hat Villard de Honnecourt in der dortigen Bauhütte nach einem vorhandenen Plan aufgezeichnet. Die Ausführung am Bau, wenige Jahre später, fiel dann zum Teil etwas anders aus.

19 »Maria zur Wiese« in SOEST, die exemplarische Hallenkirche (1350), ▷ ist in ihrem lichten Raum von Pfeilern durchstanden, die ohne Kapitelle direkt in den Rippenzug der Gewölbe einmünden. Die Kirche – mit fast quadratischem Grundriß – ist eine weite Halle, nicht mehr ein »Weg« zum Altar.

20 und 21 Der KÖLNer Dom hat nach Beauvais mit 43,5 m die höchsten Gewölbe aller Kathedralen. Unvergleichlich ist die schmale Schlucht des Mittelschiffs. Über den Arkaden des Triforiums öffnet sich licht der gläserne Paravant der hohen Fenster.

Teppich der Glasfenster im Obergaden entkörperlicht den Wandabschnitt eines jeden Joches vollends (Abb. 20). Der Pfeiler selbst, ein aufsteigender Steinstrahl, findet nach oben keinen Abschluß, kein Gebälk, keine Decke, nur den kurzen Knoten eines Kapitells (Abb. 21). Dann verströmt er sich, zur Seite geneigt, in mehreren Rinnsalen als Rippen im Gewölbe, sich überkreuzend mit den Strömen, die von der anderen Seite ihm entgegenkommen – im Kreuzrippengewölbe. Dieses ist zwar keine Erfindung der Gotik, wurde jedoch das Hauptcharakteristikum des gotischen Kirchenbaus.

Strebewerk und Fialen

Im Bauvorgang steht die Einwölbung ganz am Ende. Zunächst müssen die Voraussetzungen dazu geschaffen sein. Damit der künftige Druck der Gewölbe nicht die dünnen Seitenwände sprengen kann, wird dieser Kraftfluß über die Strebebögen in die außen um den Bau herumstehenden Strebepfeiler abgeleitet. Diese Strebepfeiler steigen in großen Stufensprüngen steil aufwärts, in den Geschoßstufen mit kurzen schrägen Simsen – »Wasserschlägen« – versehen (Abb. 22). Nach oben enden sie in Türmchen, schilderhausartige, offene oder geschlossene, oft zweigeschossig, dazu über Eck verdreht (Amiens). Man fragt sich: Was bedeuten diese aufgesetzten Türmchen? Sind sie nur Zierat, diese »Fialen« (Abb. 23)? Sind sie ein – vielleicht nur optisches – Gewicht, oben auf die Pfeiler gesetzt, damit der Kraftstrom der Strebebögen wirklich aufgefangen wird und nicht darüber hinweggleitet? Auch hier muß die Vertikale das letzte Wort behalten. Fehlen nämlich diese aufgesetzten Fialengewichte – wie in dem im 14. Jahrhundert nachgezogenen oberen Strebewerk von Chartres –, so wirken die Pfeiler kahl und »kopflos«.

Dem Kraftabfluß von Dach und Gewölben geht der tatsächliche Wasserabfluß parallel. So in Reims: Hier fließen, wenn der Regen strömt, aus einer Dachrinne, deren Horizontale durch eine dichte Arkadenreihe mit spitzen Giebeln überdeckt ist, die

22 Jeder der klobigen Strebepfeiler von CHARTRES unter den Viertelrädern der Schwibbögen und mit seinen Stufensprüngen der »Wasserschläge« wird überwacht von einem heiligen Bischof in enger Nische.

23 Der KÖLNer Domchor, 1248 von Meister Gerhard begonnen, 1322 geweiht. Im Dickicht der Strebepfeiler und Fialentürmchen in jeder Höhe schwingen sich über den sieben Kapellen des Chorumgangs kühn die krabbenbesetzten Schwibbögen.

24 In bizarrer Phantastik wuchern an Notre-Dame in PARIS die minarettartigen Strebepfeiler mit ihren gezackten Fialentürmchen, durchschossen von den drachenköpfigen Ungeheuern der Wasserspeier.

Wassermassen durch Bleirohre und dann aus Löwenmäulern gezielt auf die darunterliegenden Strebebogen ab. Diese haben – wie man am schönsten am Straßburger Münster von der Plattform des Turms aus sehen kann – an ihrer Oberseite Steinrinnen, in denen der Wasserstrom herunterschießt. In Bleiröhren durchdringt er die Strebepfeiler und wird an deren Außenseiten durch in Stein gehauene grotesk-dämonische Wasserspeier in die Luft geschleudert, weit weg von den Grundmauern des Baus (vgl. Abb. 24). Das Steinwerk der Strebepfeiler selbst ist dazu noch durch die Stufen der »Wasserschläge« gesichert. In ähnlicher Weise wiederholt sich das System des Wasserablaufs an den Pultdächern der Seitenschiffe oder den Zeltdächern der Kapellenkränze.

Gemauerte Bögen und Gewölbe

»Lehrgerüste« nennt das Bauhandwerk die hölzernen Rundbrücken, auf denen Bögen und Gewölbe gemauert werden. Die Zimmerleute der Bauhütte stellten sie am Boden her. Mit primitiven Aufzügen, großen Trettrommeln, in denen mehrere Männer liefen, wurden diese Hilfskonstruktionen nach oben gehievt, auf die Lager zwischen Mittelschiff und Strebepfeiler schräg eingepaßt. Steinbögen bis zu 15 m Spannweite (Notre-Dame, Paris; vgl. Abb. 17) wurden darüber gemauert. War das steinerne Strebewerk in sich fest geworden, schlug man die hölzernen Hilfen weg.

Krönung des Kathedralenbaus bedeutete die Einwölbung von Chor und Mittelschiff. Unter dem Schutz des bereits aufgeführten und gedeckten Dachstuhls ging die diffizile, halsbrecherische Arbeit in 30, 40 m Höhe vor sich (vgl. Abb. 25). Wieder wurden über Lehrgerüsten, die sich, Joch für Joch, in der Mitte über dem Abgrund des Hochschiffs begegneten, die Rippen gemauert und die plastisch, oft kunstvoll behauenen Schlußsteine an den Kreuzungspunkten eingesetzt (Abb. 26). Freihändig, meinen einige Forscher, konnten dann die »Kappen«,

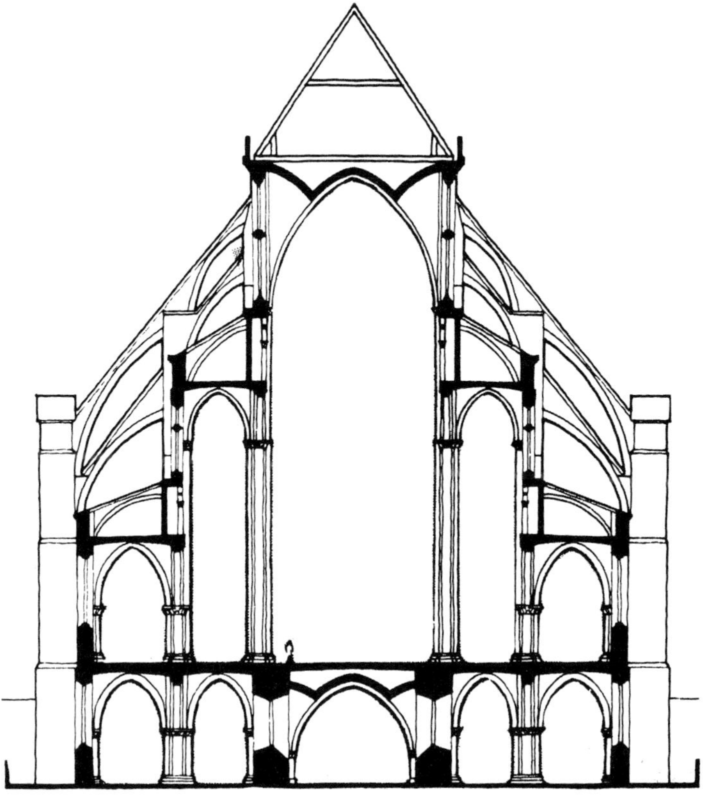

25 Von 9 m auf 21 m und 37 m im Mittelschiff steigen die Gewölbe der fünfschiffigen Kathedrale von BOURGES auf (1266 geweiht). Die gewaltige Krypta in voller Breite des Chors gleicht den Terrainunterschied aus, als die neue Kathedrale über die Stadtmauer hinaus gebaut wurde (vgl. Farbtafel 7, Abb. 8).

d. h. die Füllungen, zwischen den Rippenbahnen, aufgemauert werden. Andere nehmen an, daß auch diese Arbeit nur mit untergelegten Holzverschalungen möglich war. Das gemauerte Gewölbe, in der Substanz eine nur wenige Zentimeter starke

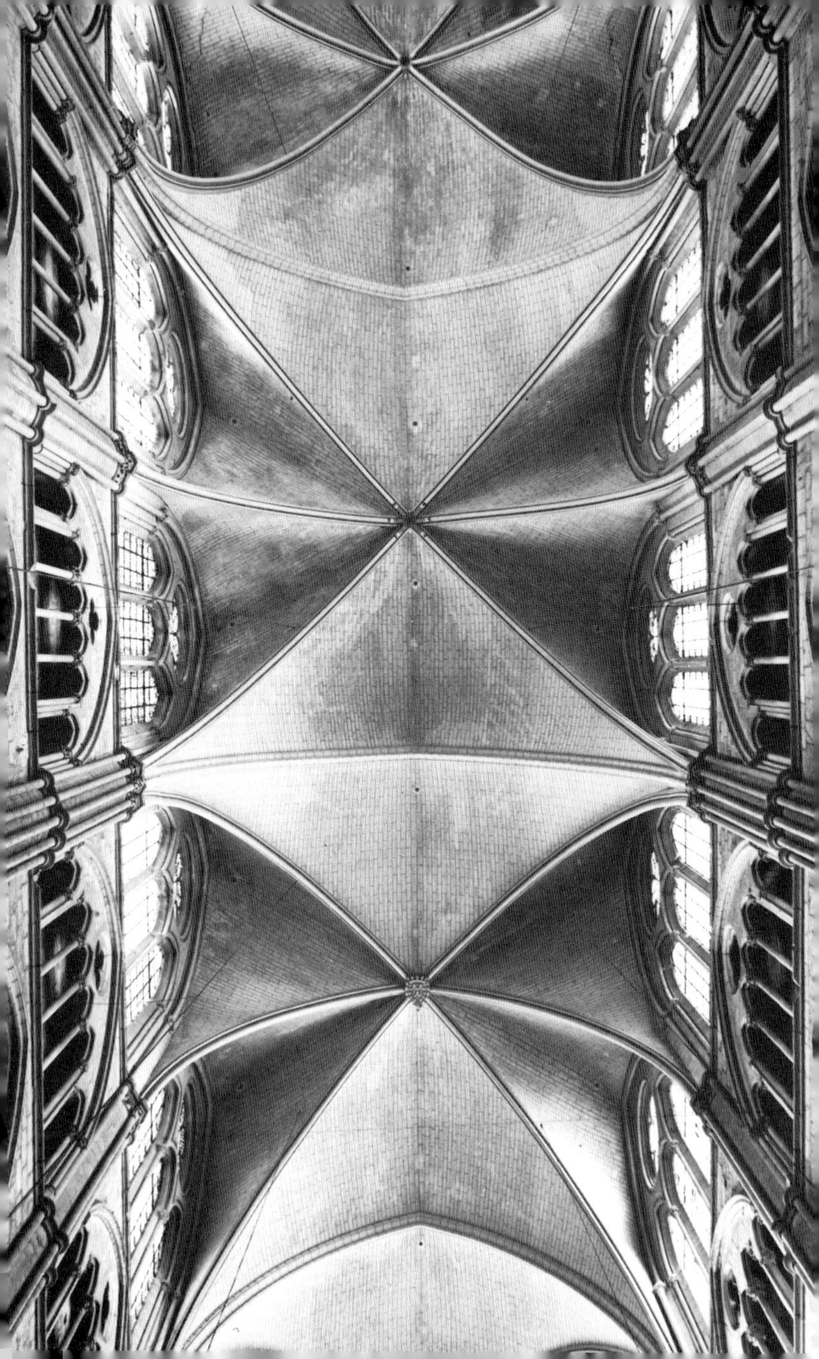

Steinhaut, wurde von oben mit einer dicken Gußmörtelschicht überzogen. War das ganze betonfest zusammengebacken, wanderten Lehrgerüste und Verschalung zum nächsten Wölbungsabschnitt.

Graphik, in Stein geschrieben

Die gotische Kathedrale ist – so paradox das klingt – ein graphisches Gebilde. Wir sehen keine Mauern, übersehen die stehengebliebenen Reste, wir sehen nur Linien, Kanten, Grate. In den Gewölben zeichnet sich das vier- und sechsteilige Muster der Rippen ab, die mehr Schmuck als Funktion sind, jedes vom nächsten durch einen reicher profilierten, festeren Bogen, dem »Gurtbogen«, geschieden. Auch die Spitzbogenarkaden entlang den Seitenschiffen, die »Scheidbögen«, sind vielfältig gerahmt, die Pfeiler in Stangenbündeln aufstrebend, von Licht und Schatten durchschluchtet. Von den Gewölben ziehen sich die Liniengeleise der Rippen und Gurtbögen »wie Wurzelwerk« (Schlink) an den strähnig gegliederten Pfeilern bis zum Boden hinunter. Oder, man kann auch umgekehrt sagen: Die aufsteigenden Linien breiten sich gerüstartig aus. Manchmal müssen diese Wachstumszüge Kapitell, Gesimse und Schaftringe überschreiten und durchstoßen. Von den Knotenpunkten der oft reich mit Blättern und Knospen verzierten Kapitellmanschetten aus spalten sich Profillinien und Dienste ab, Rippen strahlen aus.

In späteren Bauten, vor allem auch in England und in der deutschen Gotik, wird diese Sprießkraft so intensiv, daß alle diese Hindernisschwellen im Aufwärtsdrang wie weggespült werden.

◁ 26 Das sechsteilige Gewölbe in BOURGES faßt jedesmal zwei Joche zusammen. Vom Schlußstein gehen sechs Rippenstrahlen aus. Die Mauerarbeit in den Gewölbeschalen und -kappen ist hier gut zu erkennen.

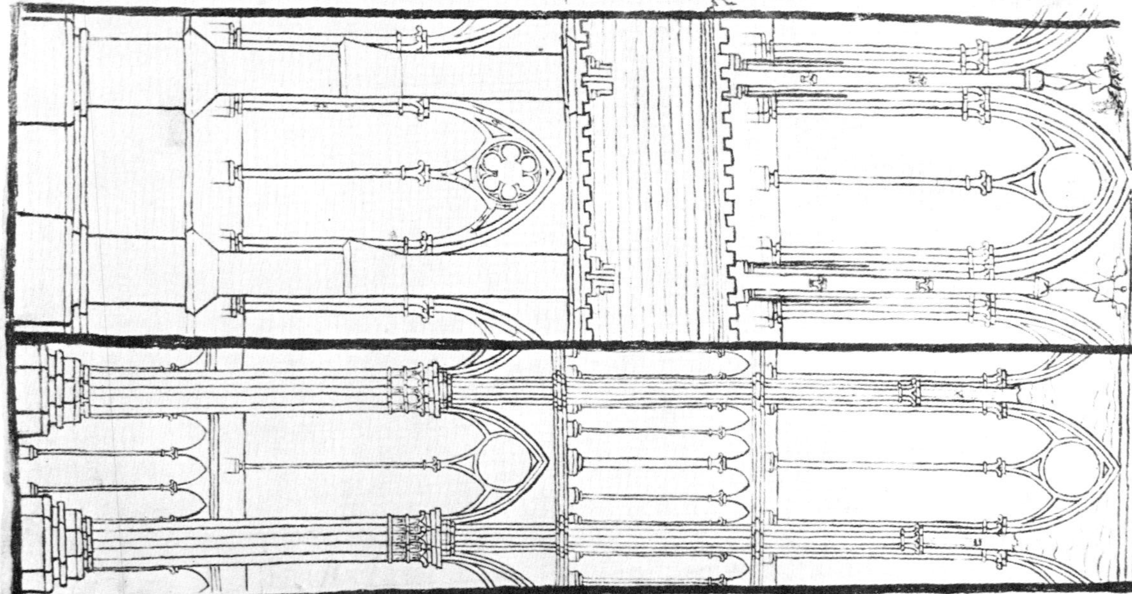

En tendez bien a ces montees de uant le couerez des acaintes doit auer uoie sur leu tablement. & de sur le combe des acaintes re doit auer uoie de uant les uerieres.
& un bas creteus si cume uos veez en le purtraiture de uant uos. & sur le mors de nos pilers dait auer angeles. & de uant ars buteret. P̄ de uant le grant
table en haut re doit auer uoies. & creteus de sur lentaulement ken puist aler pur peril de fu. & en lentaulement des nokeres por leue getir.

Romantiker und auch leicht chauvinistisch Infizierte haben vor der gotischen Kathedrale über germanische, über nordische Baukunst paraphrasiert und in norwegischen Stabkirchen, aber auch in den ragenden Stämmen des heimatlichen Hochwalds Vorbild und Gleichnis für die Entwicklung des gotischen Stils gesehen. Wenn auch die Gotik ein »Vertikalstil« ist, so lebt darin doch keine atavistische Vorstellung von Wald und Holzstangen. Allein der Stein, der gebrochene und behauene Stein in seiner lagernden Schwere ist das Urmaterial, das Element, aus dem, Schicht um Schicht und Lage um Lage, der Bau gefügt wird, auch wenn die Steinwand immer mehr aufgelöst wird und von der ehemaligen Mauer nur noch ragende Pfeiler und steinerne Masten übrigbleiben. Die Schwerkraft des Materials wird nicht verleugnet, sondern auf wunderbare Weise in eine Schwebe gebracht: Den aufschießenden Vertikalen der Kathedralenwand werden leise horizontale Bindungen beigeordnet – die Geschosse von Triforium und darüber die nach oben in die Gewölbekappen vergehende Leuchtwand der Fenster (Abb. 27–29).

◁ 27 Villard de Honnecourt zeichnete in sein »Bauhüttenbuch« ein Joch der Kathedrale von REIMS im Aufriß von außen (links) und innen. Die Arkaden des Triforiums kaschieren nach innen die Zone des Pultdachs über dem Seitenschiff.

28 und 29 Eine der Kapellen des Chorumgangs von REIMS mit den – hier nackten – Engelgestalten auf den Strebepfeilern (vgl. Abb. 40) zeichnete Villard de Honnecourt in sein Vorlagebuch. Das Innere der Kapelle (Abb. 29) zeigt unten die Blendarkaden und an den Fenstern die schmalen Gangöffnungen durch die Strebepfeiler, die die Mauer nach innen durchdringen. ▷

⁊ en cele autre pagene poes u ueir les montees des
capieles de le glise de rains par de hors. tres le
comencement desci en le fin ensi com eles sõ.
dautretel maniere doiuent estre celes
de canbrai sõ lor fait droit. li
daerrains entaulemens doit
faire creniaus ⁊.
Vesci le
droite mõte
des capeles
de le glise
de rains ⁊
toute le ma
niere. ensi com
eles sunt par
dedens droites
en lor estage
Vesci les voies
dedens ⁊ les
orbes arkes.

31 Die verschlungene, steinerne Ornamentschrift des Kapitells aus LAON erinnert an Schmuckinitialen romanischer Miniaturen. Volutenschwünge und Ornamentlinien des antiken Kapitells haben sich in überkippende Blattströme und in schlankes Gertengeflecht verwandelt (um 1200).

◁ 30 Die Emporen, die später durch das komplizierte Strebesystem abgelöst werden, stützen in LAON mit ihrer »romanischen« Masse den Druck der Gewölbe des Mittelschiffs. Blick von der Emporenöffnung im Querschiff auf die nördliche Seitenwand des Hochchors mit ihrer in der klassischen Gotik nicht mehr üblichen Gliederung in vier Geschosse.

Triforium: der Gürtel der Kathedrale

Vor allem das Triforium mit seinen gereihten, rhythmisch gegliederten Arkadenöffnungen legt sich wie ein haltender Gürtel um die Mitte des Kathedralenleibs, im Grunde eine verkümmerte Empore, ein Laufgang in der Wand, der ursprünglich »blind« war, d. h. nach außen – hinter den Pultdächern der Seitenschiffe – geschlossen, später aber, vor allem im Chor über dem Kapellenkranz, mit in die Leuchtwand des »Oberlichtgadens« aufgenommen wurde (Amiens, Köln). Es gibt diesen Gang schon als

32 In den Schlußstein, der mit einem »romanischen« Kopf in doppeltem Blätterkranz verziert ist, münden die acht Gewölberippen einer der beiden Apsiden des Querhauses von LAON. Die Kathedrale, 1155 begonnen, ist die früheste der Gotik.

33 Gitterhaft, mit sieben Vierpässen sind die Triforiumsbögen in der Kathedrale von BURGOS durchbrochen. Hier mischt sich gotisches mit maurischem Bauempfinden.

viertes Geschoß in der Wandgliederung der »altmodischen« Kathedralbauten über den Emporen (Soissons; Laon, Abb. 30). Mit deren Wegfall wachsen die Spitzbogenöffnungen der Seitenschiffe höher und steiler auf, senkt sich die Lichtzone der Fenster nach unten, doch das feine fortlaufende Band des Triforiums bleibt noch lange erhalten, läuft durch die Pfeiler hindurch und hält das immer schlanker und durchsichtiger werdende Gerüst der Kathedralenhalle mit seinem Querzug zusammen.

Trotz ihres graphischen Charakters, ihres Liniengeflechts, sind die einzelnen Formen der Kathedrale durchaus körperhaft und substantiell. Steht man in einer Kathedrale der Ile-de-France, errichtet in dem silbergrau-weißen Kalkstein, so spürt man das Steinerne, Feste und die verschiedenen Formen als durchaus tastbar und anfaßbar. Die Dienste, die, in Bündeln zusammengepreßt, in verschiedener Stärke nach oben laufen, sind fast wie Handläufe von Treppengeländern, und die kurzen runden Säulchen im Triforiumsgang, die gemeinsam über sich ein Stück Mauertafel tragen, in Kreisform kunstvoll ausgeschnitten, sind wie Stangenröhren, an denen das Auge »wie mit umspannender Hand« entlanggleitet (Farbtafel 2).

Maßwerk

Dieses Greifbare, Begreifbare – ein Spurenelement von Plastik – eignet allen Formen der klassischen Kathedrale. Erschienen die Triforiumsarkaden wie »blinde Fenster«, so werden sie in den nächsten Stufen der Entwicklung, wenn die Rückwand weggebrochen ist, wirklich transparent, und aus den Säulen mit ihren wulstigen Spitzbogenrahmungen und dem Vierpaß der Kreise darüber wird eine Art freigestelltes Maßwerk, kraftvollerer Auftakt zu dem darüber licht aufsteigenden Gitter des Hochfenstermaßwerks (Abb. 34).

»Maßwerk« – das Wort kommt aus der Bauhüttenformel »nach rechtem Maß«, denn Geometrie und Zirkelschläge haben diese Steinstangenmuster geschaffen (Abb. 35), mit denen die

34 Das Triforium, das früher die tote Innenzone des Dachs der Seitenschiffe verdeckte, konnte nach außen erst aufgebrochen und verglast werden, als die Seitenschiffe und auch der Chor anstelle des Pultdachs eine Reihe von Zeltdächern erhielten. Der spanische Architekt Enrique folgte bei dem Bau der Kathedrale von LEON (2. Hälfte 13. Jh.) dem Vorbild von Reims.

35 Das feine Gitter des gotischen Maßwerks wurde mit Lineal und Zirkel konstruiert und in den von den Musikintervallen übernommenen harmonikalen Proportionen zusammengefügt. Das Pergamentblatt (Musée de Strasbourg) ist ein – später anders ausgeführter – Entwurf für die Westfassade des STRASSBURGer Münsters, um 1300 entstanden. ▷

vergrößerten Wandöffnungen der Fenster immer kunstvoller überspannt werden. In den oberen Teilen der Spitzbögen sind gezackte Kreise und Füllzwickel einbeschrieben, nach unten gestützt durch lange schlanke steinerne Fenstersprossen. Das Maßwerk ist zusammen mit den Blendarkaden auch das Mittel, die materielle Schwere der Wand zu kaschieren, dort, wo sie notgedrungen stehenbleiben mußte. In manchen englischen Kathedralen scheint es fast, als hätte ein gewaltiger »Steinkamm« die Quaderwände der Geschosse durchfurcht. Am geistreichsten ist aber wohl die Materie überwunden in dem vorgeblendeten freistehenden Maßwerk am Straßburger Münster, der berühmten »steinernen Harfe« aus rotschimmerndem Vogesen-Sandstein, mit der der Name Erwin von Steinbach verbunden ist (Farbtafel 6).

Erfunden wurde das Füllwerk am Tisch des Meisters, des *magister operis.* Für die Dutzende von Ornamentteilen, aus denen sich das ganze durchbrochene Muster zusammensetzt, wurden Holzschablonen angefertigt als Vorlage für die Steinmetzen. Schließlich erforderte das Zusammensetzen und Vermörteln aller der am Boden ausgehauenen Steinstücke oben in den Fensterhöhlen, in der Vertikalen, höchste Materialkenntnis und statische Erfahrung. Diese fragilen Steingerippe wurden zusätzlich durch Eisenzüge gesichert, die in den Fensterrahmungen verankert waren. Diese Maßnahme galt im besonderen den dem Winddruck ausgesetzten mosaikbunten Glasflächen der Fenster, dem empfindlichsten, immateriellen Teil des ganzen Kathedralenkörpers.

V DAS LICHT DER KATHEDRALE

Die Fensterrosen

Alle diese Formen des Maßwerks stehen in engem Kontakt mit dem aufsteigenden Gerüst, sind selber Teil davon. Nur an einer Stelle, über dem Portal, löst sich das Maßwerkspiel aus diesem Zusammenhang: Es sprießt nicht mehr von unten nach oben – es kreist. Ein Kreis, ein Rad, eine Sonne mit Strahlen, eine »Rose«. Oder das alte Fortuna-Rad, wie wir es aus Orffs »Carmina burana« kennen? – Diese Fenster über den Portalen nach Westen, Süden und Norden wurden theologisch gleichnishaft geschaffen und tiefsinnig gedeutet. Sicher gab es auch schon Kreisformen in den Bezirken der Spitzbögen, aber diese tanzen auf den langen Steinholmen der Fenster kunstvoll wie der Ball auf einer Wasserfontäne, der Zusammenhang beider Teile bleibt erhalten. Die Fensterrose dagegen ist eine Rundform für sich, sie ruht in sich – wie Gott, würde der mittelalterliche Theologe sagen. Sie sendet, übrigens statisch höchst bedenklich und gewagt, von der Mitte nach allen Seiten Strahlen von Steinmaßwerk aus, die durch ein raffiniertes System, durch einen Reigen von Spitzbögen, durch eingeschobene Vierpässe und dazu noch Eisenarmierungen so gestrafft und gespannt werden wie ein auseinandergefalteter Regenschirm, damit die Form nicht in sich zusammenfallen kann (Farbtafel 5; Abb. 36). Die eleganteste Fensterrose der Hochgotik über dem Südquerschiff von Notre-Dame in Paris (um 1250) ist einem festen Quadrat einbeschrieben und hat den atemberaubenden Durchmesser von 13 m!

36 Wie eine steinerne Spinne spannt, von Eisenarmierungen diskret unterstützt, die Fensterrose im Südquerhaus von Notre-Dame, PARIS, ihre zerbrechlichen Arme in einem Durchmesser von 13 m aus.

37 Die Fensterrose über dem Königsportal von CHARTRES (um 1220) mit Christus in der Mitte ist von zwölf Steinsäulen umstanden, Symbole für die zwölf Jünger.

38 Villard de Honnecourt zeichnete die westliche Fensterrose von CHARTRES in sein Vorlagebuch, wandelte sie leicht ab und »modernisierte« sie: Das schwere Rad wird durchsichtiger.

In einem der Erstmodelle für das »Sonnenfenster« in Chartres/West entfaltet sich die Mitte nicht wie in Lanzettblättern, zu denen die Spitzbogenfolgen sonst oft verwandelt werden (Abb. 37, 38). Hier umschreiten kurze dicke Säulen, durch Arkaden miteinander verbunden, die »Nabe«: ein buntes Rundfenster, in dem der thronende Christus als Weltenrichter erscheint. Christus im Mittelpunkt, das ist Symbolik, jeder mittelalterliche Mensch verstand das sofort. Auch die Zwölf-Zahl der Säulen wurde gedeutet: Es sind die Säulen Christi, seine Jünger und Apostel.

Lichtmetaphysik

Nichts an der Kathedrale ist ohne solchen Sinnbezug. Anders ist das Bauwerk gar nicht zu verstehen. Unser moderner ästhetischer Maßstab allein hinterläßt eine Leere. Man fragt sich, ob in der Zeit der Kathedralenbauer dieser Sinnbezug nicht überhaupt das Ausschlaggebende war: Der »Sinn« war mächtiger als die Sinne. Trotzdem werden die Kirchenbesucher des 13. Jahrhunderts das farbige Licht, das vom Westen her einbrach und ein breites Band magisch bunten Leuchtens über den Boden warf, als Offenbarung empfunden haben, ähnlich dem Eindruck, dem sich auch der moderne Mensch nicht entziehen kann. Nur sah er es nicht geschmacklich-ästhetisch wie wir, sondern als Erleuchtung von oben, als ewiges Licht, als Schein vom Himmel. Die *lux perpetua,* die ihnen leuchten soll – es ist das Jüngste Gericht, das oben im Sonnenfenster erscheint. Dieses Licht ist Christus, und das sonnenballartige Fenster mit seinen Strahlen steht für ihn (Abb. 39).

Ein großer Theologe des 12. Jahrhunderts, Hugo von Saint-Victor, schrieb in den Jahren, als die ersten Sonnenrosenfenster an den Kathedralen entstanden, in einem Kommentar zur Schrift des Dionysios, des Mystikers der Ostkirche: *Advero juxta spiritualem intelligentiam sol Christus est.* (Wahrlich, zugleich mit aller Geistigkeit ist Christus die Sonne.) Dionysios hielt man damals für identisch mit Saint-Denis, Frankreichs Nationalheiligem. Hugo selbst war ein enger Freund des Abtes Suger von Saint-Denis, der die Lichtmetaphysik der Theologie in architektonische Wirklichkeit umsetzte.

Abt Suger von Saint-Denis

Suger schuf damit ein sichtbares Gegenbild zu dem geistigen Gebäude, unter dem die Theologie und Philosophie des Mittelalters den ganzen Kosmos als Abbild der göttlichen Wahrheit und Offenbarung neu erbaut hatten, enzyklopädisch bis zum letzten geordnet und gedeutet. Der Erkenntnisdrang der damaligen Uni-

39 Durch die farbigen Rundfenster der Kathedrale von PALMA DE MALLORCA bricht für den gläubigen mittelalterlichen Menschen das Sonnenlicht nicht als Illumination ein, sondern als lux perpetua, als Leuchten und Erleuchtung von oben. Die Sterngitterform klingt an Maurisches an. Die Kathedrale, deren Hauptschiff mit den staketdünnen Pfeilern von 1,60 m Durchmesser im 14. und 15. Jahrhundert entstand, wurde Anfang unseres Jahrhunderts von dem spanischen Jugendstilarchitekten Antoni Gaudi erneuert und mit originellen Kronleuchtern versehen.

versitäten – an ihrer Spitze Paris – zielte auf das Universale: Nicht naturwissenschaftliches Wissen wollten sie vermehren, sondern auf jedem Wissensgebiet die göttliche Weltordnung entdecken und sichtbar machen. In dieser Welt- und Wertordnung ist das Licht die göttliche Essenz, die alles durchdringt, unter deren Anhauch jedes Ding zum Leben erweckt wird – »je nach Würde« sagt Dante in seiner »Commedia«.

In nur vier Jahren (1140–1144) baute Abt Suger den Chor der Kathedrale von Saint-Denis und setzte damit der Königsmacht der Kapetinger ein leuchtendes Mal. In der Gruft dieser Kirche wurden die Könige Frankreichs begraben. Suger, der Kanzler und Freund Ludwigs VI., errichtete um den allerheiligsten Platz, den Altarraum über der Krypta, eine kostbare steinerne Wandhülle, die er vielfach durchbrach, so daß das Licht von allen Seiten durch den Kapellenkranz unverstellt einströmen konnte. Er baute übrigens so fragil-durchlässig, daß nach 50 Jahren Einsturz drohte und der Chor von Pierre de Montreuil, einem Bauleiter von Notre-Dame in Paris, neu errichtet werden mußte. Allein der Kapellenkranz mit seinem doppelten Umgang, durch den das Licht von allen Seiten radial zum Mittelpunkt des Chors drang, blieb an dieser Stelle von Sugers Bau erhalten.

Glasfenster

Glas ist ein beinahe körperloses Material, »geistiger« als der Stein, auch wenn dieser zu heiligen Figuren umgewandelt wird. Es ist geistiger, weil das göttliche Licht es durchdringt. Und die heiligen Szenen und Figuren, die bunt auf den Scheiben erscheinen und den Raum aufleuchten lassen, sind im sinnlichen und im übertragenen Sinn die Träger des Lichts: Gottes Geist ging einst und geht auch jetzt durch sie hindurch und erleuchtet durch sie die Kirche, Priester und Gemeinde.

Innerhalb der spirituellen Klarheit des scholastischen Denkens erscheint dies wie ein mystischer Zug, der ähnlich und noch eindringlicher wiederkehrt in einer Vorstellung, die wohl aus dem Kreis des heiligen Bernhard von Clairvaux stammt, des »Troubadours und Herolds der Gottesminne«. Bei ihm wandelt sich die Theologie der Furcht, der Ehrfurcht, zu einer Theologie der Gottesliebe, in die auch die Gottesmutter – *Notre Dame*, unsere liebe Frau – innig mit einbezogen wurde. Auf sie wird das Glas-Lichtsymbol angewendet: »Das Licht, welches Glas durchdringt, ohne es zu zerbrechen, gleicht dem Wort Gottes, dem Licht des Vaters, das durch den Leib der Jungfrau gegangen ist.«

Die großen Programme der Kathedralenfenster sind vor allem in Chartres und Reims verwirklicht worden. Auch in Köln, Straßburg und anderen Orten ist stellenweise noch etwas von dem mystischen Licht zu spüren, in das die alten Kathedralen getaucht sind: rubinrot, saphirblau, smaragdgrün, amethystfarben und goldschimmernd. Einzigartig ist vor allem in Bourges der Zauber der farbigen Umhüllung, den man erlebt, wenn man dort mitten im Chor der Kathedrale steht (Farbtafel 3).

An den Hochfenstern von Langhaus, Chor und Querschiff sind in Chartres noch über 2000 m^2 farbig leuchtender Fläche erhalten (das ist fast die halbe Größe eines Fußballfelds!). Die Bildprogramme haben sich im Lauf der Jahrhunderte auf den Scheiben manchmal arg verschoben. Kriegsverluste und Verwechslung beim Wiedereinsetzen der Gläser und Ergänzungen haben manchen programmatischen Ablauf getroffen.

»Biblia pauperum«

Gelesen werden die hohen Fenster in ihren Bildfolgen von unten nach oben, d. h. vom Irdischen hinauf in die Verklärung, in das Überirdische. Vielleicht ist es zu zweckhaft gedacht, in diesen Scheibenzyklen eine *biblia pauperum*, eine Heilige Schrift für Analphabeten, zu sehen, wenn auch Abt Suger selbst schreibt: »Die Bilder sollen den einfachen Leuten zeigen, was sie glauben sollen.« Aber auch für geübte Augen sind selbst bei täglichen Messebesuchen die Szenen oft nicht zu erkennen und in ihrem komplizierten typologischen Inhalt kaum deutbar. Die Gegenüberstellungen von Altem Bund und Neuem Bund, von Verheißung und Erfüllung, von Sündenfall und Erlösung werden oft in kommentarlosen, fast unverständlichen, weit herbeigeholten theologischen Rätselanalogien an den Fensterbahnen hochgezogen. Trotzdem sind sie da und gegenwärtig, halb erkannt, halb nicht erkannt, als eine heilige Ungewißheit, als eine Art schutzengelhaftes Fluidum um den, der in den Himmelssaal Kathedrale eingetreten ist.

Technik der Glasmaler

Farbige Glasfenster in bescheidenem Ausmaß gab es schon im 9. Jahrhundert. Der erste erhaltene Glasfensterzyklus entstand um 1100, heute im Dom von Augsburg. Jedoch erst mit dem Herausbrechen der Wandflächen in der Gotik wurde das Einfassen der vielen kleinen bunten Glasstückchen in die Bleiruten zum Problem: Auf die Glasmaler, die die Wandmaler der romanischen Kirchenräume ablösten, kam eine große, auch technisch schwierige Aufgabe zu. Der Bedarf an farbigem Glas für die 20 m hohen Fenster der Kathedralen, die in Frankreich an mehreren Stellen gleichzeitig entstanden, war gewaltig. Im Schmelzofen und mit verschiedenen Metalloxyden wurde das Glas geschmolzen und gefärbt. Mit dem Mund geblasen und an der Pfeife gedreht, schnitt man das lange röhrenartige Gebilde Glasfluß ab. Der erkaltete Glaszylinder wurde dann aufgeritzt und, wieder erwärmt, flach gezogen. Kathedralenglas ist sehr dünn, 2–5 mm. Auf einem »Riß«, einer Zeichnung auf kreidegrundierter Holztafel, schneidet der Glasschneider die vielen Farbglasstückchen zurecht und setzt sie zusammen: In einem Geäst von Bleiruten mit doppeltem Nut werden sie aneinandergebunden. Zuletzt malt der Glasmaler mit Schwarzlot Schatten und Binnenzeichnungen hinein. In Rahmen von 40 x 80 cm Größe vereinigte man die Teile und setzte sie neben- und übereinander zu größeren Flächen zusammen. Die im Bleinetz schwankenden Tafeln wurden noch mit Quer- und Längszügen aus Metall, die Medaillon- und Vierpaßformen mit Rundeisen gesichert.

Votivfenster

Neben der lehrhaften Verkündigung des zu erhoffenden Heils im bildlichen Beispiel und Gegenbeispiel (Typus und Antitypus) ist die Kathedrale auch der Ort, in dem der Mensch sich selbst darbringt. In den Fenstern von Chartres weihen sich Könige, Fürsten, Edelleute, Geistliche und Handwerker der Madonna. *In effigie*, im Bilde, dem damals noch eine beschwörende und bannende Kraft innewohnte, werden sie Teil und Teilhaber des »Himmlischen Jerusalem«: Das vom Himmel dringende göttliche Licht geht auch durch sie hindurch, »erleuchtet« sie, ob sie *in persona* als Stifter vor der Muttergottes knien, ihr Wappenschild durchstrahlt wird oder ob sie in der Mühsal ihrer Arbeit oder nur mit dem Zunftzeichen auf den Scheiben erscheinen. Wie die Königsfamilie die *Rose de France* im nördlichen Querschiff von Chartres stiftete und sich in dem Glanz »sonnte« – König Salomo wird hier wahrscheinlich von dem jungen Ludwig dem Heiligen dargestellt –, so nahmen die Winzer, Schuster, Gastwirte mit ihren Heiligen in der Mitte am allgemeinen Glanz teil, die Bäcker, Metzger, Weber, Böttcher, Schmiede und Bildhauer ihr Tagwerk ausübend, jeder an seinem Platz.

Auch Herkunft und Geschichte wurden vom Licht verklärt. Unter den Legendenfenstern des Chorumgangs von Chartres ist das schönste mit 22 Szenen Charlemagne gewidmet, Karl dem Großen, auf den die französischen Könige ebenso wie die deutschen Kaiser ihren Herrschaftsanspruch zurückführten. Die Bildfolge, um 1230 in Chartres, einer der Hauptkirchen der Kapetinger-Könige, entstanden, ist wie ein Gegenzug zur Heiligsprechung Karls, die der deutsche Kaiser Friedrich Barbarossa ein paar Jahrzehnte vorher hatte durchführen lassen. Die Oriflamme, das Goldbanner, unter dem Karl der Große gegen die

Sarazenen gekämpft haben soll, bewahrte man in der Königskathedrale von Saint-Denis als Nationalheiligtum auf. Und dieses Banner, dieses hohe Symbol, erscheint nun auf den »heiligen Scheiben« in Chartres. Lichtmystik verbindet sich mit Politik und politischem Anspruch: Saint-Denis selbst, Frankreichs Nationalheiliger, übergibt in ragender, mächtiger Gestalt dem französischen Marschall Clément das ehrwürdige karolingische Feldzeichen (Farbtafel 9).

Politik war es auch, eine Art Requiem der Straßburger auf ihre Hohenstaufer-Herrscher, daß sie 19 deutsche Kaiser, von Karl dem Großen bis zum letzten Staufer, in den hohen Glasfenstern des Seitenschiffs, heraldisch streng wie Heiligenbilder, an ihr Münster banden.

Verlust an Tiefe?

Das tiefe Farbglühen der Fenster hielt in der Kathedralenkunst nur kurze Zeit an. Die Fenster wurden heller, nicht mehr total bunt verglast. Statt typologischer Gegenüberstellung in Medaillonform werden auf dem lichteren Grund der langen Fenster Heiligenfiguren unter Baldachinen, manchmal in Etagen übereinander, wiedergegeben. Ist darin, daß das hohe Hallendunkel von oben nicht mehr so magisch durchleuchtet wird, daß das Licht im Raum sich aufhellt, mehr nüchterner realer Tag eindringt – ist darin ein Verlust an »Tiefe« zu sehen? Sicher ist das moderne Bild vieler gotischer Kirchen, die ihre alte Verglasung verloren haben, eine Entstellung. Weißliche oder wenig getönte »Kathedralglas«-Scheiben geben dem Raum eine erkältende »steinerne« Beleuchtung und Stimmung. Es ist nicht mehr der mittelalterliche Himmelssaal, auch nicht mehr angefüllt mit 50 und mehr Altären, mit Lettner und reicher Ausstattung, sondern ein Schau- und Studienobjekt für uns moderne Besucher, bestaunenswert, ohne eine Spur von Transzendenz.

Die bunt bemalten Steinfiguren

Als sie erbaut wurde, war die Kathedrale nicht allein durch die farbige Transparenz der gläsernen Wände illuminiert und eingefärbt. An zentralen Stellen, an seinen Gelenkpunkten, war der ganze Gliederbau, der heute in gelblich-weißem Kalkstein oder, wie im Oberelsaß, in rötlichem Sandstein kahl und verstaubt dasteht, mit Farbe »bekleidet«. Auch das jetzt durch mehr als 100 Jahre Industrie geschwärzte Zackengebirge des Außenbaus bot einmal ein sehr anderes Bild. Nicht nur in der Leuchtkraft des Steins, der auch bemalt als »Grundierung« mitwirkte – an allen Spitzen, Baldachinen und Tabernakeln (die Engelwächter in Reims) funkelte und glitzerte es golden (Abb. 40). Die Lilienketten auf dem First des Langhauses von Reims sind wie ein goldenes Rückgrat. Silbern gleisten im Sonnenlicht die oft mit Gravüren versehenen Bleiplatten der Bedachung.

Stärker in Farben als die Quadersteine für Wand und Pfeiler leuchteten die Empfangszonen der Portale mit ihren Gewändefiguren, Bogenläufen und Giebeln. Es wäre jedoch falsch, sich hier so etwas wie die Buntheit exotischer Tempelfiguren und Götterbilder vorzustellen. Annähernd ein Bild alter Farbigkeit

40 An den Wänden des Chorrunds in REIMS und in den Tabernakel-Türmchen der Fialen halten Dutzende von ehemals goldgefaßten Engeln mit ausgebreiteten Flügeln Schildwacht, den Kathedralenbau, das Abbild des Himmels, schützend (um 1230). ▷

gibt nun nicht mehr der Gemeinderaum der Kathedrale, sondern der königliche Privat-Innenraum der Sainte-Chapelle in Paris (Farbtafel 4) mit der geduckten Unterkirche für die Domestiken und dem hellen Glasschrein der Oberkirche für den König und sein Gefolge. Schon hier – um 1250 – ist das Licht im Raum nicht mehr das mystische, violett-rötliche. Die ornamenthaft gegliederten Scheiben lassen die hohe Halle heller werden.

Die gotik-begeisterten Restauratoren des 19. Jahrhunderts haben in diesem Bauwerk ein Musterbeispiel geschaffen, das uns eine Vorstellung vermittelt, wie farbig das Mittelalter seinen Kirchenraum gesehen hat. Die Gewölbekappen in tiefem Blau sind mit goldenen Sternen verziert, die Rippen der Kreuzgewölbe mit der Agraffe des Schlußsteins ebenfalls in Gold. Ein wenig irritieren können uns vielleicht die Zacken- und Bänderbemalungen der Pfeiler, Dienste und Arkadenbögen: Wird nicht dadurch die Vertikale, das Hauptmotiv der Gerüstgotik, verschleiert? Und ganz gegen alle klassische Kathedralengewohnheit stehen an Pfeiler und Chorschranken im Innenraum Figuren und plastische Gruppen vor auf die Steinwand gemalten »Gobelins«. Diese Bemalung hier scheint zu zäh und dick geraten, wenigstens für unser modernes Gefühl, das seit dem Klassizismus mit seinen Gipsabgüssen und seit der Entdeckung der – ehemals zum Teil auch farbigen – Marmorantike Plastik am reinsten allein im Licht- und Schattenspiel des Materials zu sehen gewöhnt ist. Die farbigen Figuren der Sainte-Chapelle – etwa die Gruppe des Auferstandenen mit den drei Frauen (Abb. 41) –, die unter der Leitung des großen Kathedralenerneuerers und Baumeisters Viollet-le-Duc nach genauen Studien und erhaltenen Resten in Farbe neu gefaßt wurden, haben dadurch einen Anflug von Kolossal-Krippenfiguren, Devotionalplastik und Öldruckfarbigkeit erhalten. Mag sein, daß eine solche Beurteilung aus dem alten, schwer zu überwindenden Vorurteil herrührt, in der Plastik dürfe allein das Material sprechen – ein Vorurteil gewiß, dem auch im 19. Jahrhundert die farbigen Fassungen vieler gotischer Holzfiguren zum Opfer fielen, deren nicht mehr ganz intaktes Farbkleid eben, um die Sprache des Plastischen »reiner« zum Klingen zu bringen, einfach abgelaugt wurde.

41 Die farbige Bemalung der Steinfiguren in und an den gotischen Kathedralen entspricht dem modernen Materialempfinden wenig. Das historistische 19. Jahrhundert hat – wie hier in der Gruppe des Auferstandenen mit den Frauen in der Sainte-Chapelle zu PARIS – im Bemühen um den Originalzustand die Farbgebung nach vorhandenen Resten manchmal ein wenig allzu intensiv und gefühlvoll erneuert.

Wie die Gotik darauf gedrungen hat, daß Skulpturen nur aufgestellt werden durften, wenn Haut, Haare, Augen, Gewänder, Borten und Attribute bemalt waren, bezeugt ein Erlaß aus dem 13. Jahrhundert, den der Pariser Präfekt verfügt hatte:

»Kein Bildwerk aus Stein darf bemalt werden, ehe es nicht vom Vorsteher der Zunft besichtigt worden ist, um festzustellen, ob es gut und vorschriftsmäßig gearbeitet ist: Wird es so befunden, so soll es gut und vorschriftsmäßig mit Öl imprägniert und zwei- oder dreimal mit Bleiweiß gestrichen werden ... Und die Farben, die für die Vergoldung und für die zur buntfarbigen Fassung bestimmten Partien verwendet werden, sollen von feiner Beschaffenheit sein. Es darf also keine Figur aus Stein hergestellt werden, sei sie für eine Kirche oder für einen anderen Ort bestimmt, die nicht imprägniert, das heißt, mit polychromer Bemalung versehen wird.«

Mit allen Sinnen

Auch schon die schweren romanischen Innenräume hatte man mehr oder weniger ausgemalt, doch erst in der Kathedralengotik wurden Wände, Pfeiler, Gewölbe, Kapitelle, Arkaden und Figuren zur farbigen Erscheinung erhöht, in einer Skala, in der über dem steinernen Fond das Blau, das Rot und das Gold den Grundakkord geben. Der sinnliche Eindruck, ob durch Farben oder Klang, wird im Programm der neuen Kirche und Liturgie ganz bewußt mit eingesetzt. Auch die Kirchenmusik erlebt in dieser Epoche im Vokalen wie Instrumentalen eine große Ausweitung und Bereicherung. *Per visibilia ad invisibilia* – das Sichtbare führt zum Unsichtbaren – ist das Leitmotiv der gesamten Kathedralenkunst. Darum wurden wohl nicht zufällig genau in den Jahren des Aufbruchs dieser neuen Auffassung von Gotteshaus und Gottesdienst (um 1200 unter Innozenz III.) die liturgischen Farben für die Kirchenfeste – Weiß, Rot, Grün, Violett und Schwarz – in Gebrauch genommen. Neben Bildwerk, Farbe und Klang gehört nach der Offenbarung Johannis 5,8 auch der Duft, der Weihrauch, zum Erlebnis des Himmels.

Die himmlische Show

Noch einmal hat die Kathedrale mit ihren auf alle Sinne eindringenden Erscheinungen in der christlichen Sakralarchitektur eine Art Parallele gefunden, Jahrhunderte später, in den großen Barockkirchen, die mit ihrem schwelgerischen Fluidum den Menschen überwältigten und so zum Daranglauben verführten, War es dort mehr eine raffinierte Inszenierung, theaterhaft, pathetisch, eine himmlische Show, so ist es in der Kathedrale der »Babelgedanke«, von dem der junge Goethe schon schrieb, der den Menschen in die Knie zwang und zugleich emporhob.

Wolfgang Schöne, nach dessen kleiner Schrift über das Königsportal von Chartres der oben zitierte Verordnungstext wiedergegeben ist, schließt aus dem Wortlaut dieser Anordnung, daß die gesamte Portalskulptur rund um die goldglänzenden Tympanen mit den Bogenläufen ihrer Archivolten vollständig farbig bemalt waren. Es ist eine atemberaubende Vorstellung, ein golden buntes Bilderbuch über drei Portale breit aufgeschlagen zu sehen, und Viollet-le-Duc, Entdecker vieler Farbspuren, schreibt dazu, daß die Farbgebung am Äußeren der Kathedralen viel greller gewesen sei als die im Inneren. Sicher hat jedoch der vorgeschriebene mehrmalige Anstrich mit Bleiweiß die »Grelle« der darüberliegenden Farben gemildert. Viollet-le-Duc spricht von einem heftigen Hellrot, Hellgrün und Orange neben Schwarz und Weiß und ein wenig Blau. Auch die zum Portalgewände gehörenden Architekturteile wie Säulen, Kapitelle und Sockel waren farbig kontrastierend bemalt. Die Baldachine über den Gewändefiguren, manchmal aufgetürmt wie Burgzinnen, glänzten golden – es sind die Türme der »himmlischen Stadt«.

Das astrale Gold

Gold ist die Himmelsfarbe, der Glanz der Sonne, das Licht – die deutlichste Emanation Gottes. Das Heiligste erscheint, ganz in Gold getaucht, trotz aller Nähe über den Portalen, durch die die

42 Die Muttergottes erscheint im Tympanon des rechten Portals der Westfassade von CHARTRES in archaischer Strenge, formal symmetrisch aufgebaut – ein goldgefaßtes Götzenbild (1145–1155).

43 An der elegant-koketten Haltung der V i e r g e d o r é e vom Portalpfeiler in AMIENS (um 1266) spürt man, daß ein neues Zeitalter angebrochen ist. Die mittelalterlich-höfische Kultur, Minnesang und Mystik schaffen das neue Bild der Frau als »hohe Frau«, als »unsere liebe Frau«, als Dame. ▷

Gläubigen gehen, doch wieder unirdisch astral und fern wie ein Gestirn. Die Muttergottes im rechten Giebelfeld des Westportals von Chartres (Abb. 42) sitzt streng frontal mit dem Kind genau vor sich mitten auf dem Schoß, den Blick geradeaus – Augen und Lider muß man sich eingezeichnet vorstellen –, das Gewand symmetrisch gefältelt, dazu goldschimmernd: fast eine orientalische Gottheit. Dieses Sitzmotiv der Madonna, der Nikopoia, der Siegbringerin, kommt tatsächlich aus Asien, aus Byzanz. Die Fugen des Blocks, aus dem die Gruppe im mehr als Dreiviertelrelief herausgehauen ist, isolieren die steinerne Gottheit noch herber von den rechts und links dienend nahenden Engeln.

Kaum 100 Jahre Kathedralgotik sind vergangen – aus dem strengen fast noch romanischen Götteridol von Chartres ist eine anmutige Dame geworden, die Madonna vom Trumeau des Südportals in Amiens (Abb. 43), mit eleganten Gesten der schmalen Hände, lächelnd zum Kind hin auf ihrer linken Hüfte gewandt, aber auch sie einst in fernes Gold gehüllt. Ihr Name *vierge dorée,* goldene Jungfrau, besagt es.

Der Glaube prägt das Bild

Die golden-farbigen Bücher des Heils, die an den Portalen der Kirchen mit immer wieder neuen theologischen Bezügen und Gegenüberstellungen aufgeschlagen werden, haben kein starres Programm. Doch Hauptthema sind immer die Visionen des Johannes auf Patmos, die in die Bildersprache eingehen. Aus ihnen entwickelt sich das ganze große Panorama der Heilsgeschichte, von der Schöpfung bis zum Jüngsten Gericht. Gipfelpunkte darin sind Person und Lebensgeschichte Christi und der Frau, die ihn geboren hat, der Muttergottes. Darum herum gruppieren sich Apostel und Propheten, Heilige und Glaubensmärtyrer, deren Leben und Leiden.

Der Wandel des Bildes und der Erscheinung Marias wurde eben an den Beispielen von Chartres (Abb. 42) und Amiens (Abb. 43) gezeigt. Man spürt an den Gestalten, was für ein tiefer Wandel auch des Glaubens, was für eine Umschichtung in allen Vorstellungen vom Göttlichen und den Bezügen des Menschen zu diesem Göttlichen stattgefunden haben muß. Der Glaube verwandelt auch die Kunst, das Wort prägt das Bild. Dieses neue Wort, mit dem und durch das ein neuer Glaubensabschnitt des Christentums eingeleitet wird, sichtbarer Ausdruck geworden in der Gotik, predigte der heilige Bernhard von Clairvaux, der zum zweiten Kreuzzug aufrief. Sein Wort verzauberte die Menschen so, daß sie ihn *doctor mellifluus* – honigsüß ist seine Rede – nannten. Für ihn ist Gott nicht mehr der Gott, vor dem man zittert. Bernhard verkündet: »Gott ist dein Bruder« und »Die Liebe nimmt die Furcht«. Dieser Bekämpfer der cluniazensischen Üppigkeit und Verkünder der Zisterzienser-Einfachheit hat das neue Glaubensklima der Kathedrale mitgeschaffen, wenn er auch ihrem Reichtum fremd gegenüberstand.

Fortsetzung des Textes S. 113

ERLÄUTERUNGEN ZU DEN FARBTAFELN

1 Regina coeli Maria, *die Königin des Himmels, des »Himmlischen Jerusalem«, überlebensgroß den* domus Dei, *das Gotteshaus, durchschreitend. Mystisch wird mit diesem Haus sie selbst verglichen: Der Gottessohn hat vor seiner Inkarnation in ihr gewohnt (Jan van Eyck, Madonna in der Kirche. Um 1425. Holz, 31 x 14 cm. Staatliche Museen Preußischer Kulturbesitz, Gemäldegalerie, Berlin [West]).*

2 *Blick in das Mittelschiff von CHARTRES. Um den runden oder polygonalen Pfeilerkern legen sich »Dienste« und Schäfte »kantonierter Pfeiler«, die im Mittelschiff bis in die Gewölberippen zügig aufsteigen, an dem fast noch »romanischen« Säulengang des Triforiums vorbei. Tastbar, als geformte steinerne Masse, nicht nur als graphisches Gerüst, ist die Kathedrale zu sehen (um 1220).*

3 *Christus als Weltenrichter. Das doppelte Schwert des Verdammungswortes geht aus seinem Mund; um ihn stehen die sieben goldenen Leuchter; in der einen Hand hält er das Buch mit den sieben Siegeln, in der anderen sieben Sterne. Das Bild Christi im Vierpaß des Apokalypse-Fensters in BOURGES (um 1220) folgt genau dem Text der Offenbarung Johannis.*

4 *Ein kostbarer gläserner Schrein, hell schimmernd in den Fenstern, goldenbraunrot im Gesamtton, mit blauem Sternenhimmel darüber, ausgemalt im 19. Jahrhundert nach alten Farbspuren: Sainte-Chapelle in PARIS, Palastkapelle der französischen Könige (um 1250).*

5 *Der bunte Radfächer der Südfensterrose von Notre-Dame, PARIS, über einem Arkadengitter schwebend, wird durch ein raffiniertes Gestänge aus steinernen*

Holmen gestützt. Im Zentrum erscheint Christus: In konzentrischen Ringen schließen sich Heilige und Bischöfe an, ganz außen ein Dreipaßkranz mit 24 Engeln. Die Scheiben wurden im 18. Jahrhundert erneuert.

6 *»Steinerne Harfe« hat man die durchgitterte Westfassade des STRASSBURGer Münsters genannt. Nach 1276 hat Meister Erwin (von Steinbach) diesen Bauteil begonnen und etwa bis zur Höhe der Fensterrose durchgeführt. Das Mittelstück zwischen den Turmuntergeschossen über der Figurenreihe der Apostel wurde erst nach 1365 eingeschoben.*

7 *Der Chor der Kathedrale von BOURGES (1195 bis 1266) erhebt sich über den Dächerstufen der Seitenschiffe. Der Stützapparat der dreifachen Strebebögen mit ihren schlanken Pfeilern, die mit kleinen spitzbedachten Kapellen alternieren, präsentiert knapp und klar, noch ohne die rauschende Fialenpracht des 100 Jahre später vollendeten Kölner Domchors (vgl. Abb. 23), das Strebesystem der kathedralen Bauweise.*

8 *Der durchsichtige Farbteppich, der den Hochchor von REIMS umhüllt, vermittelt heute noch, wie wir uns das Licht der klassischen Kathedrale vorzustellen haben. Die nördliche Fensterseite des Chors ist hier wiedergegeben, gerechnet vom mittleren Fenster aus mit der Muttergottes (ganz rechts). Unter den großen Gestalten der Apostel stehen die Bischöfe des Erzbistums Reims neben ihren Kirchengebäuden (1230–1240).*

9 *Die Oriflamme, das Banner Karls des Großen beim Kampf gegen die Sarazenen, übergibt Frankreichs Nationalheiliger Dionysios (Saint-Denis) an Frankreichs Marschall Clément von Metz, der das Ankerkreuz, sein Wappen, auf der Brust trägt (CHARTRES, südliches Querschiff, 1. Drittel 13. Jh.).*

10 Wie Christophorus das Christuskind trägt der Prophet Daniel den Apostel Markus zur Muttergottes hin, die im südlichen Querschiff von CHARTRES in der Mitte zwischen den rechts und links nahenden Apostel-Reitern thront: Auf den Schultern der Propheten kommen die Evangelisten zur göttlichen Wahrheit (um 1220).

11 Auf weitem Wiesenplan, nicht im Gedränge der Gassen und Dächer, liegt die englische Kathedrale SALISBURY mit ihrer rechteckigen skulpturenüberfüllten Westfassade. Die Kirche hat mit dem Vierungsturm, der 100 Jahre später entstand (um 1330), ihren künstlerischen Hauptakzent erhalten. Den farbigen Akkord von saftigem Wiesengrün und graugelber Steinmasse hat der Maler Constable (1776–1837) in einem seiner schönsten Gemälde zum Klingen gebracht (London, National Gallery).

12 Quadrate, Dreiecke, Halbkreise: Die Fassade des Domes von ORVIETO (ab 1310) setzt sich – sehr ungotisch – aus klaren geometrischen Formen zusammen.

13 und 14 Im »Stifterchor« von NAUMBURG stehen unter den Steinbaldachinen keine Heiligen, sondern Ritter und Edeldamen, paarweise oder einzeln, zwischen den hohen Fenstern und über dem Chorgestühl. Es sind weltliche Standesporträts der Stauferzeit von ungemein individueller Charakterisierung. Trotz der altersgrau geblichenen Farben ahnt man hier, im Innenraum konserviert, wie bunt die Steinplastik in der Kathedralenzeit angemalt war (links: Markgraf Ekkehard von Meißen und die berühmte Uta; rechts: Hermann und Regilindis, nach 1249).

15 Gott als Geometer, dessen Zirkel von der Erde als Mittelpunkt des Weltenrunds (auf goldener Scheibe) Sonne, Mond, den Sternen und Wolken ihren Platz anweist (aus einer Handschrift, Mitte 13. Jh., Wien, Nationalbibliothek).

2 Blick in das Mittelschiff von CHARTRES, um 1220

◁ 1 Jan van Eyck, Madonna in der Kirche. Um 1425

3 Christus als Weltenrichter. BOURGES, um 1220

5 Südfensterrose von Notre-Dame, PARIS, im 18. Jh. erneuert

◁ 4 Sainte-Chapelle, PARIS, um 1250

BANDAGISTE
TABAC
SOUVENIRS

7 Chor der Kathedrale von BOURGES, 1195–1266

◁ 6 »Steinerne Harfe«. Westfassade des STRASSBURGer Münsters, nach 1276

8 Nördliche Fensterseite des Hochchors von REIMS, 1230–1240 ▷

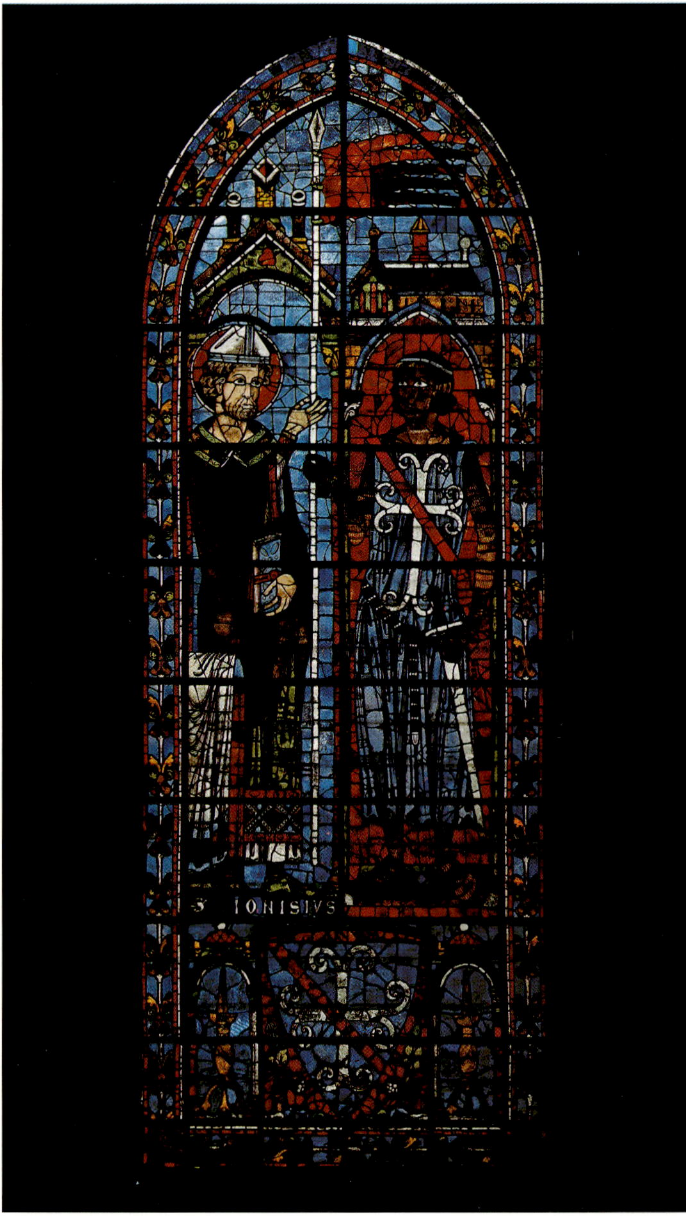
S IONISIVS

10 Der Prophet Daniel trägt den Apostel Markus. Fenster im südlichen Querschiff von CHARTRES, um 1220

◁ 9 Saint-Denis übergibt Marschall Clément von Metz die Oriflamme. Fenster im südlichen Querschiff von CHARTRES, 1. Drittel 13. Jh.

12 Domfassade von ORVIETO, ab 1310

◁ 11 Kathedrale von SALISBURY

15 Gott als Geometer. Aus einer Handschrift, Mitte 13. Jh.

◁ ◁ 13 Markgraf Ekkehard von Meißen und Uta. NAUMBURG, nach 1249

◁ 14 Hermann und Regilindis. NAUMBURG, nach 1249

Der »Beau-Dieu«

Thronend in der mandelförmigen Glorie, die die ganze Gestalt umschließt, in der Mandorla, umgeben von den vier geflügelten Wesen der Apokalypse – Engel, Adler, Löwe und Stier (im Text heißt es »Kalb«), die später zu den Symboltieren der Evangelisten werden –, erscheint der Gott des Jüngsten Gerichts in der Gestalt Christi (Abb. 44). Als Lehrender mit dem heiligen Buch in der Hand steht er verkündend am Trumeaupfeiler in Amiens (Abb. 45) und Chartres/Süd. Von dem Gott des Schreckens und der Strafe wandelt sich das Bild zur verklärten Majestät, der *majestas Domini*, rückt näher und wird »menschlicher« an dem Mittelpfeiler des Portals. Hier ist die Verkündigung, »Ich bin der Weg ... niemand kommt zum Vater denn durch mich«, wortwörtlich Wirklichkeit geworden. Und mit dem *Beau-Dieu*, wie die Franzosen diesen milden Gott nach seiner neuen Erscheinung nennen, beginnt auch ein ganz neues Christus-Bild, wie es sich, von expressiven Aus- oder Einbrüchen wie bei Grünewald oder in den Pestkreuzen des 14. Jahrhunderts abgesehen, bis zu den sanften Jesus-Darstellungen Thorwaldsens oder der Nazarener erhalten hat.

Im Blick von heute nach rückwärts erstaunt man aber über eines am meisten: Das große christliche Glaubenssymbol, das Kreuz, der Gekreuzigte, fehlt in den Kathedralen der klassischen Zeit des 13. Jahrhunderts fast völlig, oder es erscheint an ganz untergeordneten Stellen im großen theologischen Bildprogramm der Plastiken und Fenster, an bedeutenden Stellen nur einige Male, so über dem linken Westportal von Notre-Dame in Reims und auch im Glasfenster von Saint-Pierre in Poitiers. Die früheren »Triumphkreuze« der Romanik, die vor und über dem Chorraum schwebten, zeigten den Gekreuzigten als Triumphator mit der Krone auf dem Haupt. Auch solcher Monumentaldarstellung weichen die Kathedralen der Gotik aus.

◁ 44 Der abstrakte Heilsgedanke der göttlichen Majestät spricht aus den strengen Formen des mittleren Tympanons der Westfassade von CHARTRES (1145–1155). Die Apostel im Türsturz sind gleichsam der Fußschemel der *majestas Domini*, die von den Symboltieren der Apokalypse und in den Bogenläufen von den apokalyptischen Greisen des Alten Testaments umgeben ist. Die beiden anderen Tympanen zeigen Anfang und Ende des Lebens Christi auf Erden, rechts das Kind auf dem Schoß der Mutter, links Christi Himmelfahrt.

45 Der *Beau-Dieu*, der milde, kündende Gott, nicht mehr der strenge Weltenrichter, steht am Trumeau des Hauptportals in AMIENS (1250). Christus, auf Löwe und Drachen stehend, als Überwinder von Tod und Sünde. Der Baldachin über dem Haupt erscheint wie das Modell zu einem Kapellenkranz am Chor einer Kathedrale.

Die Leiden Christi sind kein Thema für den Herrschaftsanspruch gerade jener Kirchen, die sich im Reich der Kapetinger-Könige und in enger Verbundenheit mit ihnen ausbreiteten und über diesen Raum hinaus auf französischem Boden nicht nur als macht- und prachtvolle Glaubensburgen wirkten, sondern auch wie königliche Botschaften, die die Voraussetzungen und ersten Schritte zur Einigung Frankreichs unter einem zentralen Herrscher schufen. Doch in der Auslegung, die die Gestalt Christi durch Bernhard von Clairvaux erfährt, in deren Vermenschlichung wächst schon das künftige Bild des »Menschensohnes« heran, dessen Leiden in jedem Gläubigen das Mit-Leiden aufruft, auch in dem Künstler, der dieses Mitleiden in den Stein eingräbt und einen neuen Christus des Leidens, das Bild seines Opfertodes schafft. Da dieses nicht in das Programm der Kathedralen paßte, entstand es an anderem Ort, abseits der Kunstzentren der Ile-de-France, im Osten, im »Kolonialgebiet«, am Lettner im Dom von Naumburg (Abb. 46). Dieser Christus, der am Kreuz die Arme ausbreitet, unter denen man zum Chor hindurchgeht, wurde geschaffen von einem Bildhauer, der sicher im Kathedralen-Frankreich gearbeitet und viel gelernt hat. Man meint seine Spuren in Metz zu finden; er kam dann über Mainz, wo sein Wirken deutlich sichtbar wird, an die Saale nach Naumburg: der anonyme »Naumburger Meister«, eine der größten Erscheinungen in der europäischen Plastik-Geschichte.

Die Figuren des Naumburger Meisters sind wohl Spätstufe, zugleich aber auch künstlerischer Höhepunkt der Kathedralenplastik, will nicht modernes Empfinden die mehr abstrakte Welt der frühen Gestalten in Chartres vorziehen. Die spätere Plastik hat sich allmählich vom Körper des Bauwerks gelöst und scheint nicht mehr an die Tympanen, Gewände und Archivolten geheftet oder an den Portalwänden fromm Spalier zu stehen. Sie hat äußerlich wie thematisch ihren festen Platz im Programm der Kathedrale eingebüßt oder hat ihn aufgegeben. Der Mensch in seiner Erscheinung ist der Symbolhülse entschlüpft, er steht entblößt in seiner Menschlichkeit, aber von ihr tief erfüllt.

46 Im Gekreuzigten vom NAUMBURGer Lettner (1250) wird das neue, aus der Mystik stammende Bild von Christus sichtbar, dem Leidenden, dem Dulder, der durch seinen Opfertod die Menschheit erlöst.

48

◁ 47

Das Drama der Plastik als Schmuck und Aussage am Leib der Kathedrale, der Stammbaum der Figuren beginnt mit den überschmalen »Säulenheiligen« vom Königsportal in Chartres um 1150 (Abb. 47, 48), jenen Gestalten, die Peter Meyer in seiner »Europäischen Kunstgeschichte« poetisch feinfühlig charakterisiert hat: »Schwerelos und körperlos schweben die Figuren am Westportal vor den Gewändesäulen, unnahbar, leise brennend wie Kerzen.« Die »Schäfte« der Körper, Arme und Gesten mit hineingepreßt, sind überrieselt von langen strengen Faltenzügen, ziseliert, geriefelt wie mit feinsten Kannelierungen, manchmal mit leisen Linienstrudeln an Knien und Schenkeln. Fremd stehen über diesen Säulenkörpern die Köpfe, männliche, weibliche, Könige und Propheten, dargeboten auf den Tellerscheiben der Nimben. Ein Lächeln hat man aus diesen ernsten Masken herauslesen wollen, das »Lächeln der nach Jerusalem Gehenden«, wie ein alter lateinischer Text besagt, der immer wieder als Deutungszeugnis angeführt wird. In Wahrheit scheint es ebensowenig ein »Lächeln« zu sein wie das des »Apoll von Tenea« oder anderer griechisch-archaischer Kouroi oder Koren, deren Gesichter mit Mundwinkeln, sich wölbenden Wangen, Nasenflügeln, Kinn und Augen so klar aufgebaut waren – aber auch zusammengesetzt, »komponiert« –, daß ihr Ausdruck mit schräg stehenden Augen bei den Mädchen oder gestrafften, hochgezogenen Lippen bei den Jünglingen »archaisches Lächeln« genannt wurde. Da man sich die Portalfiguren von Chartres dazu noch bunt bemalt vorstellen muß, wird der seelische Ausdruck eines Lächelns vollends absurd.

In der Plastik beginnt die Psychologie mit der Grimasse und wird erst später nuancierter, zuerst im Kleinformat.

◁ 47 und 48 Vergleichbar den Karyatiden des Erechtheions wird auch hier am Königsportal von CHARTRES (um 1150) die Gestalt zur Säule, oder umgekehrt: wandelt sich die Säule zur Gestalt, im gotischen System streng als optischer Funktionsträger in den Zusammenhang der architektonischen Gliederung eingefügt. Dargestellt sind Gestalten des Alten Bundes, nicht zu identifizierende Propheten, Patriarchen, Könige und Königinnen. Vielleicht waren ihre Namen auf die Bänder und Bücher oder in die Nimben gemalt, entweder in Gold oder in den gleichen kräftigen Farben wie die ganze Figurenserie mit ihren Säulensockeln darunter.

49 Der Moses, erkennbar an seinen Gesetzestafeln, im linken Westportal von CHARTRES, beginnt sich von dem Rückhalt der Säule zu lösen. Der Baldachin über ihm schafft »Raum«. Die Faltenzüge sind durch die verschränkten Beine bewegter geworden.

51

Aus einem Block ist jeder der Heiligen zusammen mit der Säule hinter sich ausgehauen. Doch hat er sich – hier in Chartres (Abb. 49) – schon ein gutes Stück entschält aus dem mehr als 2 m hohen aufrecht stehenden Steinblock, der von dem Kantengrat her in zwei Flächen bearbeitet wurde. In dem ausschwingenden Kapitell über dem Kopf und in der Ecke der Sockelplatte zu Füßen spürt man noch den Kantengrat, der gleichsam durch die Nasenlinie hindurchgeht, wenn auch Sockel und Kapitell aus eigenen Blöcken, doch nach dem gleichen Prinzip, bearbeitet worden sind.

An den Südportalen in Bourges (Abb. 51) und Le Mans (Abb. 50) erkennt man, wie die Figur mit ihren Flanken noch halb im Steinblock steckt und nur noch – was Michelangelo als Aufgabe des Bildhauers bezeichnet – »herausgelöst« werden muß.

Aus den Generationen des Stammbaums der Kathedralenplastik lassen sich hier nur wenige charakteristische Gestaltausformungen herausheben, vielleicht die Figuren vom Nordportal in Chartres (Abb. 52), wo auf den Körpern, deren Gewandfalten nicht mehr das feine »archaische« Rieseln haben, persönlicher charakterisierte Köpfe sitzen, allerdings proportional viel zu groß. Der Reigen der Heiligen beginnt sich mit Haltung und Blicken hin- und her- und aufeinanderzuzubewegen, sogar paarweise schließen sie sich zu Gruppen zusammen, wie in der »Verkündigung« am linken Seitenportal oder, ihr gegenüber, in der »Heimsuchung« (Abb. 53).

◁ ◁ 50 Das Portal von Saint-Julien in LE MANS, in der Nachfolge von Chartres entstanden, läßt das Figürliche wieder mehr in die Steinquader zurücktreten. Die Gestalten enden nicht in den Köpfen: Die Bekrönungen der Menschensäulen sind die reich wuchernden Blattkapitelle.

◁ 51 Für die Kathedrale von BOURGES (1195–1266) wurde aus einem früheren Projekt das altertümliche Südportal übernommen und eingebaut. Es ist etwa um 1160 nach dem Vorbild von Chartres/West entstanden. Auffällig ist das reiche Dekor an Sockel und Kapitellen. Während die Gestalten in Chartres mit schrägen Füßen auf den Konsolen schweben, stehen hier die »Säulenheiligen« auf rundem Postament unter dem Hohlraum des Baldachins.

52 Im Nordportal von CHARTRES (um 1200) haben die Gestalten ihren Säulencharakter verloren. Als Oberpriester Aaron mit Mitra und Kelch, als Abraham mit Isaak und dem Widder zu Füßen, als Moses mit den Gesetzestafeln und als Priester Samuel mit dem Opferlamm sind die Gestalten eindeutig an ihren Attributen zu erkennen. Die – zu großen – Köpfe zeigen wohl an, daß das »Geistige« und dessen Charakterisierung dem Künstler zur Hauptsache wurde, die Körper sind dafür nur noch Trägersockel.

Wer Frankreichs Kathedralen besucht, wird schwer die endlosen Palisadenreihen der heiligen Gestalten in den Portalgewänden auseinanderhalten können, Höhepunkte wie Chartres/West oder Reims ausgenommen. Es muß Sache der Fachleute bleiben, »Hände« zu scheiden und Jahrzehnt oder Jahrfünft der Entstehung durch Stilvergleiche und Dokumente einzukreisen und zu bestimmen. Unverkennbarer ist in den Gewändefiguren die Serienherstellung, die »Bauhütte«, wo an einer Figur oft mehrere Bildhauer, auf Gewand und Faltengebung, auf Köpfe und Hände spezialisiert, gearbeitet haben.

In den Flachreliefs an den Gewändesockeln (z. B. Amiens; Abb. 54–57) oder den Bogenläufen über den Figuren finden sich oft Darstellungen von einer unhieratischen Lebhaftigkeit und Frische, daß man gern andere »Hände« annehmen möchte. Oft wohl zu Unrecht. Neben dem weniger wichtigen Standort ist es sicher das kleine Format, das hier Mut macht, da es den Gestaltungsvorschriften der Kleriker wohl mehr entzogen war. So wie sich in den Elfenbeinen oder der Goldschmiede- und Emailkunst auf kostbaren Buchdeckeln und an Schreinen Vorgängerfiguren finden für die späteren Portalgewände, so wagt der *imagier* hier in unorthodoxen Formen und Erzählweisen die heiligen Geschichten zu interpretieren. Ein Beispiel nur für viele – man muß sie mit dem Fernglas aufsuchen! – sei die Schöpfungsgeschichte in den mittleren Archivolten der Nordvorhalle von Chartres (um 1220–1230; Abb. 58–60). Wie Gott die Wasser scheidet – »Himmel« und »Erde« liest man, in lateinischen Lettern gehauen –, wie er sinnend nachdenkt und Sonne und Mond aussendet, bis zur Erschaffung Adams, der Tiere, der Pflanzen und zuletzt dem Verhör Gottes mit dem schuldbewuß-

◁ 53 In der »Heimsuchung« vom linken Nordportal in CHARTRES mit Maria und Elisabeth wird die isolierte Statuarik aufgehoben. Die Gestalten stehen wohl noch auf eigenem Sockel, wenden sich aber einander zu und schließen sich mit Gestik und Blickwechsel zur Gruppe zusammen.

54–57 Gegenüber der Statuarik der Gewändeportalfiguren entwickelt die Sockelzone darunter lebhafte Darstellungen, fast genrehaft, mit der Flucht nach Ägypten, dem zwölfjährigen Jesus im Tempel, mit

55

Monatsbildern und den dazugehörigen ländlichen Arbeiten und Tierkreiszeichen (AMIENS, Westportal, 1235–1255).

57

ten ersten Menschenpaar – das ist von einer Unmittelbarkeit und Erzählkraft, die weit in die Zeit vorausweist und die seltsam absticht von der Konvention, darin die großen Figuren im Gewände darunter auftreten.

Schon 70 Jahre früher, am Westportal der gleichen Kathedrale, herrscht ein ähnliches Verhältnis zwischen Gewände- und Bogenfeldfigurationen. Doch findet man hier statt »Konvention« höchste architekturbestimmte Stilform, und die schreibenden Philosophen in ihren Archivoltenkammern, geduckt in ihre Arbeit versunken (Abb. 61, 62), zeigen schon den Weg aus der »Abstraktion« in die »Einfühlung« (Worringer), den die Kunst gehen wird. Die heidnischen Weisen und Gelehrten haben auf ihre Art die göttliche Ordnung der Welt geahnt, darum treten sie, zusammen mit den Personifikationen der Sieben freien Künste, die in der Hohen Schule von Chartres gelehrt wurden, wenn auch an der Peripherie der großen bildgewordenen göttlichen Offenbarung, mit in die Szene.

58–60 In den Archivolten von CHARTRES/Nord wird in Szenen die Schöpfungsgeschichte bis zur Vertreibung aus dem Paradies mit dramatisch-psychologisch bewegten Figürchen erzählt (1220–1250). ▷

58

59

61

61 und 62 Pythagoras, der Entdecker der Harmonie der Zahlen, rechts neben ihm Priscianus, der große Grammatiker des Altertums, beide in ihre Arbeit versunken. Ein frühes Beispiel beginnender psychologischer Darstellung im kleinen Format am Rand des großen christologischen Programms der Westportale in CHARTRES. Darunter: Christus in Emmaus (1145–1155).

In Rinnsalen dringt »Welt«, dringt Profanes in das heilige Programm ein, oder das Heilige wird umgedeutet. Die ehemals goldene Phalanx der Könige quer über den Portalen der Pariser Königskathedrale (Abb. 63) – waren das die Könige aus Juda? Mischten sich jetzt nicht eigene große Könige vergangener Zeiten darunter? Legenden entstehen. In den mehr als 50 steinernen Riesen – ca. 4,30 m hoch – unter dem Ansatz der Türme in Reims finden sich alte Frankenkönige in großer Anzahl: Chlod-

63 Wie ein breiter Figurenarchitrav schließt die Königsgalerie das Untergeschoß von Notre-Dame in PARIS mit den drei Portalen ab (Anfang 13. Jh.). ▷

wig, der in Reims die Taufe empfing, mitten unter ihnen sogar eine Frau, Chlodwigs Gemahlin Chlotilde. Künstlerisch gesehen sind diese figuralen Bildsäulen reichlich ungeschlacht, zum Teil auch erneuert, aber als Inhalt ein wichtiges Element in der Schaufassade der Königskathedrale Frankreichs.

Der Ruhm von Reims ist jedoch, neben dem hellwach blikkenden, elegant-französischen Joseph mit spitzem Judenhut (Abb. 64) und neben dem lächelnden Engel der Verkündigung am mittleren Westportal die Gruppe der »Heimsuchung«: eine jugendliche Maria und die ältliche, nornenhafte Elisabeth (Abb. 65, 66). Hier fühlt man Antike, römische Antike – zwei Frauen, die ihr fließendes Linnengewand in rieselnden Falten um sich gezogen haben. Das ist eine »Sprache« der Falten mit ganz eigenen »Lauten« – ganz anders als bei den sechs Nachbarfiguren im gleichen Portal. Man hat gefragt: Sind hier Gewandstatuenporträts römischer Damen, die sich ebenso umhüllt darbieten, Vorbild gewesen? Waren vielleicht solche Vorbilder damals in Frankreich noch erhalten? Und könnten sie als Modell gedient haben, bevor sie dann in einer späteren, inhumaneren Epoche in Kalkbrennereien zugrunde gingen? Aber wenn man bedenkt, wie im 13. Jahrhundert antike Philosophen ihren Platz fanden im Geistesgebäude der Scholastik, wenn, parallel dazu, ein großer Herrscher in Italien, Friedrich II., die Kunst der Antike wiedererwecken wollte und im Süden Frankreichs das römische Erbe gerade in diesen Jahrzehnten wieder sichtbare Gestalt gewann (Arles, Saint-Gilles), dann erscheint die Antikisierung hoher Frauenbilder an einer Kathedrale der Champagne gar nicht mehr so überraschend.

64 Als eleganter französischer Edelmann des 13. Jahrhunderts erscheint Nährvater Joseph, den Taubenkasten haltend, in der Szene der Darbietung im Tempel am mittleren Westportal von REIMS (1245–1255). ▷

65 Maria und Elisabeth, die sich begrüßen, gleichen – nach unserer Vorstellung sehr »ungotisch« – eher römischen Matronen, in das fließende Faltengewand von Stola und Palla gehüllt. Es ist nicht unwahrscheinlich, daß die Figuren am mittleren Westportal von REIMS (1245–1255) auf echte antike Vorbilder zurückgehen.

66 Die REIMSer Maria hat man mit antiken Aphroditen verglichen; sie erscheint wie die sanfte Schwester der berühmten Londoner »Demeter von Knidos«.

Der bildnerische Reichtum der Fassade von Notre-Dame in Reims fließt über, umrankt die Portale auch nach innen. Davon erhalten geblieben ist die – man möchte fast sagen – plastisch-figurale Ikonostase an der Innenseite der Westportale. Dort umrahmen in über 50 Nischen, sieben Etagen hoch, durch Laubwerkstreifen getrennt, Szenen aus dem Leben Mariens und Johannes des Täufers und anderer die leuchtende steinerne Spinne des Rosenfensters, das dem Portalspitzbogen eingepaßt ist (Abb. 67). Jedesmal steht eine einzige Figur in der flachen gotischen Nische, mit der Rückwand aus einem Stein gehauen: in der dritten Reihe von unten rechts (vgl. Abb. 67) die stolze Herodias, eine arrogante Schwester der gleichzeitig entstandenen Uta von Naumburg, der mahnende Täufer vor dem jüdischen Königspaar (Abb. 68), oder in der untersten Reihe der Priester, der dem Ritter in die Nachbarnische hinüber das Abendmahl spendet (Abb. 69), alle Gestalten gestenreich, Schauspieler ihrer selbst, und auch hier wieder die höchste Lebendigkeit im kleinen Format (knapp 1,50 m ist jede Figur groß).

Diese Nischenwand ist vielleicht das Überraschendste in Reims, da die Kathedrale im allgemeinen ihr heiliges Gestaltenbilderbuch nach außen aufschlägt, dem Ankommenden entgegen. Jetzt hat sich die Figur frei gemacht von ihrem Funktionscharakter der Architektur gegenüber. Wir stehen am Ende einer großen plastischen Epoche, deren Gestalten am Spalier der Kathedralen aufgewachsen sind und sich üppig entfaltet haben, jedoch nicht bis zum Naturalistischen hin. In den die Figuren überkreuzenden Faltenzügen, in den Gesten der Hände, den Armhaltungen, im Standmotiv der Figuren selbst herrscht ein Rhythmus von Bezügen, an dem man die alten Bauhüttenregeln – die Unterteilung der Figuren nach Proportionen, nach mathematischen Grundregeln, nach dem Prinzip der Triangulation, nach »dem rechten Maß«, wie es heißt – noch spüren kann.

67 Die plastische Bilderwand an der Innenseite des Westportals von REIMS ist einzigartig in der Kathedralenkunst. Die Gestalten von höchster Lebendigkeit, nicht mehr gefesselt an die Kraftlinien architektonischen Aufbaus, haben in den mehr als 50 Nischen eigene kleine Bühnen für Aktion und Gebärde (um 1260).

68

69

Ad quadratum

In Villard de Honnecourts Bauhüttenbuch – vielleicht ein Menschenalter vor den Reimser Figuren aufgezeichnet – findet man unter dem Kennwort »Portraiture« (jeder »Riß« ist »Portraiture«) ein Schema, nach dem sich ein Kopf aufbaut: *ad quadratum* – das Quadrat als Urform, aus der sich alle Einzelformen und -züge entwickeln (Abb. 70). Aber ebenso sind Verdoppelung des Quadrats, auch Dreiecke, Pentagramme und Zirkelschläge Leitlinien, welche Form und Haltung der gotischen Gestalten wie ein magnetisches Kraftfeld bestimmen.

Diese Entsprechung, diese Ausgewogenheit, schon im Aufbau eines Kopfes, ist nichts Äußerliches, nur Schematisches. Es ist tief innerlich begründet. Die geheime Mathematik ist genau wie die ganze Kathedrale in ihrem bis ins letzte durchorganisierten rationalen Aufbau Ausdruck des *ordo coelestis,* der himmlischen Ordnung. Diese offenbart sich auch im inhaltlichen Gegenüber von Verheißung und Erfüllung, von Szenen und Prophetien aus dem Alten Testament und den christlichen Verkündigungen und Glaubenstaten des Neuen Testaments. Augustinus hat zum erstenmal von diesen beiden Entsprechungen gesprochen: »Das Alte Testament ist nichts anderes als das verschleierte Neue, und dieses nichts anderes als die Entschleierung des Alten.«

70 Ein Schemakopf aus Villard de Honnecourts »Bauhüttenbuch«, der bis in die Lockenzüge hinein aus der Ur-Einheit des Quadrats aufgebaut ist.

◁ 68 und 69 Die Nischen vereinigen sich zur Szene: Johannes tritt mahnend der jüdischen Königin Herodias entgegen (Abb. 68). – Wie im Durchblick durch einen Arkadengang erscheint der Priester vor seinem Altartisch (Abb. 69), der dem Ritter – ein Standesporträt der Zeit – das Abendmahl reicht (REIMS, vgl. Abb. 67).

72 und 73 Ecclesia und Synagoge – das siegreiche Christentum tritt dem überwundenen Judentum entgegen (Südportal des STRASSBURGer Münsters). Eine alte Inschrift lautet: »Mit Christi Blut überwind ich dich«. Dem Kelch in der Hand der Kirche entsprechen die zerbrochenen Gesetzestafeln in der Hand der ergreifend trauernden Mädchengestalt gegenüber (um 1230).

◁ 71 In figura wird am Fürstenportal des BAMBERGer Doms gezeigt, daß das Neue Testament auf dem Alten »fußt«: In ganzer Gestalt stehen die Apostel auf den Schultern der Propheten (um 1230).

An den Gewänden des Fürstenportals in Bamberg (Abb. 71) ebenso wie im Fenster des südlichen Querschiffs von Chartres, wo der Apostel Markus auf den Schultern des Propheten Daniel hockt (Farbtafel 10), wird dieser Gedanke symbolisch gedeutet. Im Bamberger Gewände stehen die Apostel auf den Schultern der Propheten. In Reims, Straßburg und Bamberg tritt Ecclesia, die siegreiche christliche Kirche (Abb. 72), auf der einen Seite des Portals der überwundenen Synagoge, einer zauberhaft schönen schlanken Mädchenfigur auf der anderen Seite (Abb. 73), entgegen. In den Archivolten der Portale finden sich zahllose, geheimnisvolle, oft schwer zu interpretierende und dem modernen Empfinden schwer verständliche »typologische« Hinweise aus dem Alten auf das Neue Testament. So deutet – in Amiens – die Darstellung des Jonas, der drei Tage im Bauch des Walfisches weilte, auf Christus hin, der drei Tage im Grabe lag. Judith, die den Holofernes getötet hat – eine wundervolle Darstellung im Nordportal von Chartres, wie sie sich Asche aufs Haupt streut (Abb. 74), – weist hin auf Maria, die »neue Eva«, die die Schlange zertritt. Maria selbst, die Christus in ihrem Leib getragen hat, wird mit der Kirche verglichen, die der Raum des Glaubens ist. Immer wieder stehen alarmierend die Figuren der klugen und törichten Jungfrauen in den Portalen der Kathedralen (Amiens, Reims, Magdeburg), die einen, die die Wiederkehr des Bräutigams Christus mit brennenden Öllampen erwarten, die törichten, klagend, mit den erloschenen Lampen in den schlaff hängenden Händen. Sie haben das Licht der Gnade verscherzt. In Straßburg wird die Symbolik zur Szene: Der Fürst der Welt, die Vorderseite glatt, ein Kavalier, die Rückseite voller Schlangengewürm, versucht, gefällig lächelnd, die Mädchen mit einem Apfel in der Hand zu verführen. Die zunächst stehende Törichte lupft das Gewand und kokettiert mit ihm (Abb. 75).

Das Gleichnis von den zehn Jungfrauen, den klugen und den törichten, wurde als Teilaspekt in die Darstellungen des Jüngsten Gerichts mit aufgenommen, meist in den Bogenläufen über

74 Dramatische Gebärde in Stein: Judith, die sich im verzweifelten Gebet Asche aufs Haupt streut. In den kleinen Gestalten der Bogenläufe ist – bis in die Faltengebung hinein – der archaische abstrakte Parallelismus der Gewändefiguren durch eine neue Bewegtheit und Körpersprache abgelöst worden (CHARTRES, Archivolten des rechten Nordportals, um 1220).

den Portalen, in Straßburg als fast lebensgroße Szene im Portalgewände; in Freiburg wiegen sich die Gestalten über den Blendarkaden der Turmhalle. In der Erfurter Marienkirche wird dann die Trauer zum ekstatischen Verzweiflungstanz (Abb. 76).

Autodafés und Mysterienspiele

Unter dem steinernen Jüngsten Gericht Gottes an der Westfassade, der Schauseite der Kathedrale, gewissermaßen unter den Augen der ewigen Gerechtigkeit selbst, tagte, urteilte und verurteilte auch das weltliche Gericht. Die Inquisition verbrannte hier vor den Portalen, wie ein Rauchopfer zu Gott, ketzerische Bücher, aber auch ketzerische Menschen. Wir sind im Zeitalter der Katharer und Waldenser, die auf päpstlichen Befehl ausgerottet wurden.

Auf dem gleichen Kathedralenvorplatz fanden auch geistliche Spiele statt, in denen die plastische Gestaltenwelt der Portale zur lebendigen Aktion wurde. Bühnengerüste sind aufgebaut, auf denen, simultan nebeneinander auf bis zu zwölf Schauplätzen, die Passion, das Ostergeschehen und auch der Jammer der törichten und der Triumph der klugen Jungfrauen gespielt werden. Im Adamsspiel mit dem Sündenfall – die Schlange, die Eva den Apfel reicht, war eine kunstvoll funktionierende Maschine – tönte Gottes Verdammungsurteil aus dem hallenden Kathedralenraum durch die offenen Portaltüren nach draußen auf den Platz. Man muß sich die Situation ähnlich vorstellen wie bei »Jedermann« vor dem Salzburger Dom.

War ursprünglich in der Kathedrale selbst gespielt worden – von Klerikern und auch Laien – verlegte man später die Szene ins Freie, wo Tausende zusehen konnten.

75 Der Fürst der Welt, der die Jungfrauen, die auf den himmlischen Bräutigam warten wollten, mit dem Apfel in der Hand verführt, ist wohl die Szene aus einem Mysterienspiel, die hier im Gewände des rechten Westportals des STRASSBURGer Münsters in Stein transponiert ist (letztes Viertel 13. Jh.). ▷

76 Im Mysterienspiel auf der Bretterbühne vor der Kirche werden die Darstellerinnen der törichten Jungfrauen einen ähnlichen Verzweiflungstanz aufgeführt haben. Ein derartig gesteigerter Expressionis-

mus wie hier an der Marienkirche in ERFURT erwuchs künstlerisch – bezeichnend auf deutschem Boden! – nach den Schreckensjahren des »Schwarzen Todes« (um 1360).

Die Kathedrale selbst ist Treffpunkt, gesellschaftlicher Mittelpunkt der Stadt, der ganzen Region, die hier zusammenströmt, der öffentliche Platz, gewissermaßen das christlich-gotische Gegenstück zur griechischen Agora. In ihrem Schatten, d. h. im Weichbild der der Königsmacht verbundenen Kathedrale, aber auch in den Kirchenschiffen selbst konnten die Kaufleute zu den Festmärkten und Messen ihre Waren anbieten und freien Handel treiben, ohne von den habgierigen Feudalherren mit Steuern und Abgaben erpreßt zu werden. Manchmal ging es auch recht weltlich zu in diesen heiligen Hallen, so daß Verordnungen gegen Ballspiel, gegen das Abschießen von Vögeln in der Kirche, gegen Hundespaziergänge zwischen den Pfeilern und auch gegen intime Flirts erlassen wurden. Den Weinverkäufern mit ihren Buden im Kirchenschiff von Chartres wurde schließlich die Krypta reserviert, nicht zuletzt, weil an den großen Kirchenfesten, wenn unzählige Pilger kamen, um das heilige Gewand der Jungfrau zu sehen, der große leere Kirchenraum – Bänke und Stühle gab es noch nicht – als Massennachtquartier zu dienen hatte.

Die Kathedrale ist nicht nur der Ort des frommen Schauderns, der Offenbarung Christi, das Abbild des »Himmlischen Jerusalem«. Der gewaltige Bau ist auch Schutz, Heimat, Zuflucht und öffentlicher Lebensraum für das Volk, das ringsherum in den niedrigen Hütten und Häusern wohnt. Das Haus Gottes ist ein Haus des Vertrauens geworden. Wohl sitzt Christus noch als Weltenrichter über dem Portal, doch in verklärter Majestät. Er ist nicht mehr der *rex tremendae majestatis,* dessen Erscheinen alle in Angst und Schrecken vor dem Richterspruch erstarren läßt, und auch die Teufel, Höllentiere, Fratzen, Obszönitäten und Monstren sind verschwunden oder in subalterne Regionen am Außenbau verbannt.

Dieser Wandel der christlichen Verkündigung im Bilde, die neue Theologie, deren Gegenbild die Kathedrale wird, versöhnte auch den heiligen Bernhard von Clairvaux, dessen Gottesraum schmucklos sein sollte, mit dem Glanz der Kathedrale, der, wie

Abt Suger von Saint-Denis den Bruder Bernhard diplomatisch überredete, nur dem einen Gedanken diene, nämlich den Menschen vom Materiellen zum Immateriellen hinzuführen. Diese neue steinerne Theologie anerkannte Bernhard, während er gegen die phantastisch überladene spätromanische Ausschmükkung der Kirchen, vor allem der des Cluniazenserordens, gewettert hatte: »Was machen jene lächerlichen Monstrositäten«, schrieb er in seiner *Apologia ad Guillelmum,* »die unglaublich entstellte Schönheit und formvollendete Häßlichkeit? Was sollen dort unreine Affen, was wilde Löwen, was monströse Zentauren, was Halbmenschen? Du siehst unter einem Kopf viele Körper, am Vierfüßler den Schwanz einer Schlange, am Fisch den Kopf eines Vierfüßlers. Kein Wunder, daß die Mönche sich lieber den ganzen Tag damit beschäftigen, als das Gesetz Gottes zu bedenken. Wenn man sich schon der Albernheiten nicht schämt, warum gereuen dann nicht die Kosten?«

Bernhards Verdikt richtete sich gegen die Mönchskirchen; der neuen Kathedrale, die das ganze Laienvolk aufnahm, das, mit allen Mitteln geblendet, zum Glauben geführt werden mußte, gestand er den übergroßen frommen Aufwand zu.

Herkunft und Zukunft

Nicht die Gotik hat die Kathedrale, die Kathedrale hat erst die Gotik geschaffen – es ist ein fundamentaler Satz, der in den Diagnosen der Stilgeschichte den Sachbestand einmal auf die richtigen Füße stellt. Denn wohl fast alle Elemente der Gotik waren irgendwo schon vorher da, der Spitzbogen im Islam, das Kreuzrippengewölbe in England und ähnlich auch im alten Rom, wo man auch schon Strebepfeiler und Schwibbögen kannte. Den schlanken Vertikalismus aller Formen »erbt« die Kathedrale von den noch romanischen Kirchen der Normandie, die schwebende Schwerelosigkeit der Gestalten kommt – vielleicht über die Buchmalerei – aus dem Byzantinischen. Es lassen sich noch mehr Quellen finden. Doch erst die Kathedrale Nordfrankreichs hat alle diese Teile zu einem ineinandergreifenden funktionierenden System zusammengefügt, auf einen Nenner, in *eine* Tonart gebracht, so daß – um noch einmal eine musikalische Vokabel zu verwenden – alles »zusammenstimmt«.

Wenn man nach dem Erfinder, dem Konstrukteur dieses Kathedralensystems fragt, wird kein Baumeister, sondern ein Intellektueller, ein geistiger Kopf, ein politischer Organisator ersten Ranges genannt, ein Mann, der die geniale Idee hatte, Macht und Stärke einer geistlichen sowie weltlichen Ordnung in einem bis ins letzte gegliederten Monument sichtbar zu machen – Abt Suger von Saint-Denis. Trotzdem aber, meint Paul Abraham, der große Kathedralenforscher, müsse es, wie Giotto für die abendländische Malerei, auch hier einen Giotto der Architektur gegeben haben. Doch ist das vielleicht zu modern-individualistisch gedacht. Auch das logische Gedanken-Welt-Gebäude der mittelalterlichen Scholastik, deren steinernes Gegenbild die Kathedrale genannt wird, hat hin bis zur *Summa Theologiae* des Thomas von Aquin viele Väter gehabt. Daß der neue Bau des »Himmlischen Jerusalem« mit solch geistiger wie ästhetischer Konsequenz bis zur letzten Kreuzblume hinauf durchdacht und errichtet werden konnte, kann nicht die Leistung eines einzelnen sein, sondern ist bildnerischer Niederschlag der *clarté* des französischen Geistes.

Alles, in allen Ländern, was dann an die großen Kathedralen der Ile-de-France anknüpft, ist versuchte Wiederholung, ist Kopie, Variation, aber auch schon Störung und beginnende Zerstörung dieses steinernen Kosmos.

Selbst im Urland Frankreich verebben nach dem Jahr 1250 die großen Kathedralplanungen und -programme; zu Ende gebaut wird wohl noch durch Jahrhunderte, doch nach der Vollkommenheit von Chartres, Reims, Amiens kann nichts Neues mehr kommen. Die Gotik wurde in höchster, vollendetster Form geboren.

Will man Wertmaßstäbe setzen, so gibt es nach diesem Gipfel eigentlich nur noch »Abstieg«. Die Gotik, die aus ihrem Geburtsland hinauszieht, erlebt die seltsamsten Abwandlungen je nach der Eigenart des Landes, des Volkes, das die neuen Formen des *opus francigenum* aufnimmt und verarbeitet.

77 Ein offener Dachstuhl mit üppig wucherndem dekorativem Holzwerk ▷ ersetzt in Saint-Mary in WOOLPIT/Suffolk das Gewölbe. Englands Gotik entfernt sich rasch von dem klassischen Standard französischer Kathedralenkunst. Die spätgotische Holzdecke (15. Jh.) mit den drei Engeln an jeder der gestuften Konsolenstützen (zum großen Teil im 19. Jahrhundert erneuert) zeigt die im Grunde »nordische« Kunstgesinnung Englands, schmuckreiche Fortsetzung alter Stabkirchendecken.

As many as
are led by the
Spirit of God
All Scripture
is given by
Inspiration of

78 In Holz ist das riesige Sterngewölbe über der Vierung der Kathedrale in ELY konstruiert. Statische Gründe waren wohl entscheidend, sicher hat aber auch hier die nordische Affinität zu Holzbau und Holzkonstruktion bei der Materialwahl mitgesprochen (um 1330).

England

Im nordisch-keltischen England, dem Urland der graphischen Künste der Buchmalerei und der endlosen Linienornamentik, stürzte man sich auf das Rippenmotiv und entwickelte es zu ungeheuren dekorativen Linienspielen in Fächer-, Stern- und Netzgewölben, auch in von der Wand sich loslösenden Rippen; man nimmt ihnen jeden Anschein des Funktionellen. Plastische Engelfigürchen werden den Kreuzungspunkten aufgesetzt, Hohlkehlen, Rosetten, Krabben überwuchern die Rippennetze, die manchmal aus Eichenholz gezimmert sind (vgl. Abb. 77). Die klassische Gliederung des Langhauses in Joche wird bewußt überspielt. An den Gewölbedecken durchkreuzen sich komplizierte und oft verwirrende Gleisanlagen; in Stein ausgeführt, aber auch als Produkt höchster Zimmermannskunst in Holz, so in der phantastischen Laterne über der Vierung in Ely (um 1330; Abb. 78). Darüber mußte dann ein gewaltiger Vierungsturm sitzen, der die in der Wand steckengebliebenen Turmansätze der Westfront weit überragt. Den Druck dieses ungeheuren Turmgewichts halten auch die stärksten Vierungspfeiler nicht aus. So zieht man, z. B. in Wells (1338), in die gefährdete Kreuzung von Mittel- und Querschiff unbekümmert scherenartige Verstrebungen in kraftvoll profilierten Steinkurven ein – ein Motiv, großartig in seiner Kühnheit, aber ein Sakrileg gegenüber der klassischen Kathedrale (Abb. 79, 80).

Englische Kathedralen stehen oder standen ursprünglich meist nicht in Städten, eingedrängt in das Hütten- und Häusergewimmel, sondern klösterlich auf freiem Wiesenplan, von einer weiten Mauer umgeben (Salisbury; Farbtafel 11). Vielleicht auch daher wirken ihre Westfassaden ebenso gewaltig wie abwehrend. In ungeheurer Breite dehnen sie sich aus, in den Proportionen oft fast ein riesiges, hochgestelltes Quadrat, eine steinerne Schreinwand mit Arkadenbögen und Nischen, gestuft in Etagen von verschiedener Höhe, oft bestückt mit Figuren unter den kleinen Spitzdächern. Die einladenden Arme sich öffnender Gewändeportale, besetzt mit brüderlichen Heiligengestalten, fehlen ganz. Klein sind die Eingänge unter den schweren Mauern, die den

79 Scherenförmige Tragstützen wurden – technisch notwendig, ästhetisch irritierend – in die gotische Kathedrale von WELLS eingezogen, als der Vierungsturm, nach normannischem Vorbild extrem in die Höhe getrieben, einzustürzen drohte (1338).

80 Die Profile des steinernen Haltegerüsts in WELLS sind von zyklopischer Großartigkeit. Die technische Notlösung wird fromm benutzt für eine neben der Monumentalität der Steinfügungen vergleichsweise bescheidene Kreuzigungsgruppe nach Art alter Triumphkreuze (vgl. Abb. 79).

Kirchenraum gleichsam verbarrikadieren. John Ruskin schreibt dazu in »The seven Lamps of Architecture«: Was für ein Unterschied zwischen den jämmerlichen kleinen Löchern, die Türen an der Westfront sein wollen und wie Eingänge zu einem Bienenkorb oder Wespennest aussehen, mit den himmelstrebenden Arkaden und königlichen Bekrönungen der Portale von Abbeville, Rouen oder Reims ...« Ruskin meinte mit dieser Kritik Salisbury (Farbtafel 11), ohne ein Auge zu haben für den herrlichen steinernen Vierungsturm, der neben dem Südturm von Chartres, neben den Gitterpyramiden von Freiburg und Straßburg zu den schönsten Turmbauten der europäischen Gotik gehört. An anderer Stelle der englischen Kathedralenbaukunst behandelt man die ungeschlachte Steinmauer an der Stirnseite der Kirche ganz anders. In Peterborough z. B. (Abb. 81) reißt man das breite Rechteck der Westwand mit drei riesigen Spitzbogenöffnungen, die bis dicht unter die figurenbesetzten Wimpergdreiecke reichen, zu flachen Vorhallen auf. Ein übermächtiges, fast südlich wirkendes Architekturmotiv, weit ab von der klassischen Kathedrale. Man denkt an südliche Sonnenlandschaften – Eingangstore zu Karawansereien sehen sehr ähnlich aus – oder an die breiten Bögen der islamischen Liwans. Bei bestimmten Zügen des englischen Dekorationsüberflusses hat man wiederholt an Verbindungen mit Spanien und der Kunst des Islam gedacht. Wie großartig die Wirkung ist, wenn man in die hohen offenen Vorhallen eintritt, zeigt unsere Abbildung mit den 25 m hohen, nach oben eilenden Steinmastenbündeln der Gewände (Abb. 82).

◁ 81 Die drei haushohen Bogenöffnungen, die die Westfront der Kathedrale von PETERBOROUGH aufreißen, sind gegenüber dem logischen Geschoßaufbau der Fassade französischer Kathedralenklassik eine grandiose, herausfordernde architektonische Geste (1. Viertel 13. Jh.).

82 An dem steinernen Röhrenwerk der Bogenöffnungen von PETERBOROUGH geht der Blick 25 m steil in die Höhe.

Kommt das Gerüsthafte, das »Graphische« der Kathedrale dem englischen Kunstcharakter entgegen, so kann Italien mit seiner römisch-antiken Vergangenheit mit dem *opus francigenum* wenig anfangen. Die Fläche, der Kubus, die klare geometrische Form als festes Gegenüber sind die Elemente, aus denen hier Bauwerke errichtet werden. Das Dynamische in der aufsteigenden Kathedralenarchitektur, das »Werden« eines Baus rings um uns beim Durchschreiten der Schiffe, beim Blick auf das Funktionsgerüst des Strebewerks, kann in keinem der sogenannten gotischen Bauten Italiens erlebt werden. Man sieht, wie problematisch alle Stilbezeichnungen sind.

Selbst im letzten großen Anlauf der Kathedralenarchitektur südlich der Alpen, im Mailänder Dom (1399, 1450 und später; Abb. 83, 84), zu dem zeitweise französische und deutsche Baumeister zur Mitwirkung hinzugezogen und bald wieder weggeschickt wurden, weil deren von der Bauhüttenpraxis bestimmte Auffassung der mediterran-lombardischen nicht entsprach, kommt es zu einem Kompromiß. Trotz seiner Fünfschiffigkeit, die man von Bourges übernommen hatte, drängt der Bau ins Breite, Gelagerte. Die zahllosen statuenbekrönten Fialen stehen wie Fahnenstangen auf dem festen Baukörper, der »Masse« bleibt, auch wenn er von vielen Senkrechten durchriefelt ist. Das reiche Spitzenwerk ist Garnierung und hat nicht die Funktion eines (optisch) tragenden Gerüsts. Selbst im Inneren des mit Marmor verkleideten Bauwerks sind in der Höhe des Mittelschiffs 6 m breite, figurengeschmückte plumpe Trommeln über die Säulenschäfte gezogen und fangen den Vertikaldrang rigoros ab (Abb. 85). Mit seinen über 2000 Figuren und Figürchen, die, heute

83 Die breithingelagerte Masse des fünfschiffigen MAILÄNDer Doms ▷ wird durchriefelt von einem Wald stalagmitenhaft aufsteigender Strebepfeiler und Fialen. Die Kirche, ein mixtum compositum, ist ein Kompromiß zwischen südlicher und nördlicher Kunstgesinnung.

84 135 Fialen, mit Figuren bekrönt, wachsen pylonenartig aus dem massigen Körper des MAILÄNDer Doms, an dem vom 15. bis ins 19. Jahrhundert immer wieder gearbeitet wurde. Das von einem Arkadengitter umstellte Marmorflachdach ist begehbar.

85 6 m hohe Trommeln mit reichem Figurendekor, den Strebepfeilern wie Manschetten übergezogen, schneiden auch im Inneren des MAILÄNDer Doms die aufsteigende Kraft rigoros ab.

86 Das Inferno der Verdammnis ist mit schauerlichem Realismus auf der untersten Zone mit Reliefs geschmückten Fassadensockel am Dom von ORVIETO dargestellt. Auch diese bildhauerischen Arbeiten stammen wahrscheinlich von dem Schöpfer der Fassade (1309–1330), Lorenzo Maitani.

87 Im Fürstenportal von BAMBERG, das rund 100 Jahre früher, um 1230, geschaffen wurde, wirken die Verdammten mit ihrem Verzweiflungsgrinsen neben Maitanis Realistik (Abb. 86) archaisch, ihre Gebärden rhythmisiert eingespannt in das Bogenrund des Tympanons.

oft durch moderne ersetzt, zum großen Teil im 15. und 16. Jahrhundert auch von deutschen Bildhauern geschaffen wurden und jetzt zum Teil in Museen stehen, ist der Dom Fundgrube und Forschungsfeld für Freunde und Kenner mittelalterlicher Bildhauerkunst.

Schon seit der ersten Begegnung Italiens mit der Kathedralenkunst werden nur einzelne Teile aus dem reichen Formenrepertoire der französischen Kathedrale übernommen und wenig logisch angewendet. Sieht man die beiden berühmten Fassaden der Dome von Siena (Abb. 89) und Orvieto (Farbtafel 12) kritisch an, so wird das ganz »ungotisch« Zusammengesetzte aus Dreiecken und Quadraten deutlich. Dazu unterbrechen noch Gesimsquerzüge das eigentlich »Unerlaubte« der wimpergartigen Dreiecksgiebel.

88 Fürsten, Bischöfe, Mönche, Edeldamen und anderes Volk werden im Gerichtsportal von REIMS vom Teufel mit der Kette zum Höllen-

kessel gezerrt. Mit Trostworten verabschiedet ein Engel die in Ewigkeit Verdammten (um 1230).

Die zebraartige Marmorverkleidung des Langhauses in dunklen und hellen Horizontalstreifen, die an Islamisches erinnert, lassen das unorganisch Angesetzte der gar nicht zum Bau zugehörenden Prunkfassaden spüren, an denen aber nun – und das ist Italiens großes Erbe der menschennahen Antike – die plastischen Reliefs von Lorenzo Maitani von höchstem Rang sind. Die Menschenknäuel der Verzweifelten im Weltgericht erinnern an die Füllung der Felder römischer Sarkophage mit ihrem Leiberwirrwarr (Abb. 86). Neben diesem grimmassierenden, gliederverrenkenden Naturalismus wirken das berühmte Jüngste Gericht vom Bamberger Fürstenportal mit dem archaischen Verzweiflungsgrinsen der verdammten Könige und Bischöfe (Abb. 87) oder die Prozession der Verurteilten hinter den Teufelsketten zum Höllenfeuer hin (Paris und Reims) wie stilisierte Gedanken (Abb. 88).

Die figürliche Plastik wird in Italien nicht vom Gesetz der Architektur bestimmt, sondern entfaltet sich als Relief oder vollplastisch an Kanzeln, Brunnen und Taufbecken. Wölfflins Worte von der »italienischen Größe, die eine menschliche Größe ist« und auf Bestätigung der Gestalt, nicht auf deren Überwältigung wie in der französischen Kathedrale aus ist, werden besonders in den Arbeiten der Bildhauerfamilie Pisano sichtbar.

Die beiden Pisani, Nicolo und sein Sohn Giovanni (2. Hälfte 13. Jh.), kannten das ikonographisch-theologische Programm der Kathedralenplastik, verwandelten aber die Symbolgestalten der Heiligen und Tugenden zu antikischen Statuen und übersetzten biblische Szenen in den Stil römischer Reliefs, mitunter mit direkten Anlehnungen an etruskische Vorbilder. Giovanni Pisano, der die Portalwestfront von Reims gesehen haben muß, macht in der Domfassade von Siena (1284–1296; Abb. 89) den Versuch, Plastik mit der Architektur zu verbinden, erreicht jedoch kaum mehr als eine Präsentation vorzüglicher, kraftvoller Gewandstatuen, auf der Spitze von Dreiecksgiebeln, auf Podesten und Konsolen, verteilt über die Fläche der Fassade, ohne daß die Gestalten vom Strom der Architektur durchzogen sind.

89 Im geometrischen Rahmen der Domfassade von SIENA machte Giovanni Pisano aus der bedeutenden Bildhauerfamilie Pisani den Versuch, Architektur, figürliches Bildwerk und überreiche plastische Dekoration zu einer glanzvollen Einheit zu verbinden. Die Ausführung zog sich bis Ende des 14. Jahrhunderts hin.

90 Die Fensterrose von ORVIETO wurde später in Siena zum Vorbild genommen. Lorenzo Maitani hat hier, geometrisch klar, einen Kreis in ein Viereck einbeschrieben. Die Quadratränder sind mit je 14 Köpfen geschmückt, die aus Vierpaßöffnungen hervorschauen. Die Rose selbst – man vergleiche sie mit Chartres, Reims oder Straßburg – erscheint wie mit starken Seilen vertäut: ein textiles Gebilde in Stein.

Lateinische Gotik

Mit dem Begriff Kathedrale verbindet sich die Vorstellung besonderer, übermenschlicher Dimensionen. Jedoch nicht die wirklichen Ausmaße bringen dieses Erlebnis der Größe, sondern eine fast physisch fühlbare Wahrnehmung: Hier wird dem Menschen mit dem Eintreten in den Raum der eigene Maßstab gewissermaßen unter den Füßen weggezogen. Im gotischen Riesenbau von Santa Croce in Florenz dagegen behält er sein eigenes Maß. Diese Bettelordenskirche, heute das Sanctuarium der großen Florentiner, ist eine weit sich dehnende Halle, eine von einigen Pfeilersäulen durchstandene »Piazza«, flachgedeckt, in der man frei herumwandeln kann (Abb. 91). Es ist nicht die steile Wegschlucht des Kathedralenschiffs hin zum leuchtenden Chorabschluß. Die »lateinische Gotik«, die den Bau nicht ins Ungreifbare aufsteigen läßt, sondern nach oben hart abgrenzt, stellt sich auch im Dom Santa Maria del Fiore von Florenz exemplarisch dar. Ein schweres, rundum laufendes Konsolgesims schneidet den Innenraum in etwa halber Höhe mittendurch: unten der weite Platz der Gemeindehalle, oben die Gewölbezone, die über der Vierung, wo Langhaus und Querschiff sich begegnen, von Brunelleschis berühmter Kuppel gewaltig durchstoßen wird – die »lateinische Gotik« hat hier ihren Weg zu sich selber, zur »Renaissance«, gefunden.

91 Franziskanische Askese schuf (ab 1294) die hallenartige leere Saalkirche von Santa Croce in FLORENZ. Baumeister: Arnolfo di Cambio. Die Balken des offenen Dachstuhls über dem 19 m breiten Mittelschiff und der vorgekragte Laufgang, der die Schiffswände horizontal durchschneidet, machen die Kirche flach und weit wie eine Piazza: »lateinische Gotik«. ▷

Spanische Kathedralen

Neben den Verwandlungen, die die Kathedrale, das *opus francigenum,* in den verschiedenen Ländern, bestimmt durch heimische Bau- und Formentraditionen, erfährt, gibt es die klassische Kathedrale auch als Exportgut Nordfrankreichs in andere Regionen Europas. Ein Meister Martin, sicher ein Franzose, beginnt mit dem Bau der fünfschiffigen Kathedrale von Toledo (um 1227). Sein Nachfolger war vielleicht jener Pierre de Corbie, ein enger Zunftgenosse des Villard de Honnecourt. Die künstlerische Handschrift im Chorumgang scheint es zu verraten, wenn auch der Name zu Pedro Perez hispanisiert ist. Im Inneren der Kathedrale von León in Nordspanien mit ihren großartigen Glasfenstern (vgl. Abb. 34), den schönsten und komplettesten neben Chartres, fühlt man sich in die Champagne versetzt, im figürlich plastischen Dekor finden sich auch Erinnerungen an Reims. Schon äußerliche Namensähnlichkeit suggeriert Formähnlichkeit: Die Kathedrale von Burgos (vgl. Abb. 33) wäre ohne das Vorbild Bourges' in Frankreich nicht dergestalt entstanden; überdies hatten verwandtschaftliche Beziehungen des jungen Königs Ferdinand von Kastilien und León zu Ludwig dem Heiligen von Frankreich mit die Hinwendung zum modernen französischen Baustil bestimmt. Diese neuen Monumentalbauten der Kathedralen werden im entscheidenden Jahrhundert der *Reconquista,* der Rückeroberung Spaniens aus arabischer Hand, ganz bewußt als Monumente, als Zeichen des Sieges der christlichen Religion über den Islam errichtet. Doch im Dekor scheint die viele Jahrhunderte alte künstlerische Formtradition des Islam in seltsamen Vermischungen mit gotischen Elementen immer wieder durch. Es ist ähnlich wie in England, wo ein eingeborenes Graphikgefühl, ein Linienstil, der aus der Buchmalerei kommt, die Flächen und Gewölbe der Kathedralbauten überzieht (Abb. 92). In Spanien verfremdet diese halbislamische Mischung, der »Mudejar-Stil«, die harten strengen Züge der Kathedrale oft ins üppig Wuchernde. So erinnert die Vierung wie die in Burgos mit dem Sternmuster an das Innere von Kuppeln in maurischen Palästen (Abb. 93).

93 Nach dem Einsturz im Jahre 1539 erneuerte der Enkel des ehemaligen Erbauers Hans von Köln, Francisco de Colonia, die Vierung der Kathedrale von BURGOS. Die neue Formgebung ist spanisch-maurisch »infiziert«: Die Sternkuppel erinnert an Prachtdecken in maurischen Palästen.

◀ 92 Die Schauseite von San Gregorio in VALLADOLID (heute Museum) ist überwuchert von flachen Szenen- und Ornamentfeldern. In schuppige Stämme lösen sich die steinernen Streben auf. Vergleichbar einem schimmernden orientalischen Prunkteppich, hängt die gotisch-maurisch-renaissancistische Reliefwand über dem Portal mit den eingedrückten »Eselsrücken«-Archivolten (1488–1496 von Juan Guas geschaffen).

Wird im Land der Wikingerkunst, in Schweden, eine Kathedrale gebaut, so ist darin nichts mehr von den spielerisch-geistvollen Formverflechtungen jener Kunst zu spüren. Die Kathedrale von Uppsala ist ein rein französisches Werk (ab 1277). Nur die Türme und das Strebewerk haben mehrere Umstilisierungen nach Zeitgeschmack erlebt. Der Meister Etienne de Bonneuil, dessen

94

95

94 Überzeugend porträthaft ist die Büste von Kaiser Karl IV. von Peter Parler oder seiner Werkstatt für den Triforiumsumgang des PRAGer Doms geschaffen. Dem Schöpfer des »Goldenen Prag«, Sohn des Luxemburgers Johann I. und der Tochter des Przemysliden Wenzel II., steht seine Abkunft ins Gesicht geschrieben.

95 Dombaumeister Peter Parler aus Schwäbisch-Gmünd löste Matthias von Arras als Dombaumeister ab und führte nach Kölner Vorbild dessen Kathedralenplan weiter. Das »Selbstbildnis« im Triforium neben Königen und Königinnen zeugt vom Wandel des Bauhüttenmeisters zum selbstbewußten Künstler (PRAG, um 1375).

Name mit der »Domkyrka« verbunden ist, taucht schon am Bau von Notre-Dame in Paris auf.

Die Formsprache der Kathedrale dringt überall nach Mittel- und Osteuropa vor. Von Villard de Honnecourt weiß man, daß er in Ungarn gebaut hat, mit dem siebenbürgischen Klausenburg und dem deutsch gegründeten Kaschau in der Slowakei sind französische Architektennamen verbunden. Das großartigste Beispiel einer Überführung des Kathedralengedankens aus dem klassischen Bereich in den Raum Böhmen ist der Veitsdom in Prag, für dessen Bau Kaiser Karl IV. den Matthias von Arras berief. Karl, am Hof von Paris erzogen, hatte eine französische Prinzessin aus dem Haus Valois zur Frau. Nach acht Jahren schon, 1353, übernimmt die Bauleitung der erst 23jährige Peter Parler aus Schwäbisch-Gmünd und baut außer den Untergeschossen eines Turms im Süden – Langhaus und Westtürme folgen erst im 19. Jahrhundert – den feingliedrigen gläsernen Gitterchor des Doms. Der Triforiumsumgang dieses Chors ist in den Schrägwänden der einzelnen Pfeilerabschnitte mit elf Porträtbüsten geschmückt: König Johann, Kaiser Karl IV. (Abb. 94) und deren Gemahlinnen, zwei geistliche Dombauherren und die beiden Baumeister Matthias von Arras und Peter Parler (Abb. 95). Hier ist, im Ausgang des 14. Jahrhunderts, schon etwas vorhanden von einem Renaissance-Gedanken, wenn lebende Menschen in ihren Porträts wie vom Balkon, wie aus Logen auf das Allerheiligste einer Kathedrale hinabschauen.

Straßburg

Die Verwandlungen der Kathedrale, des Kathedralengedankens in den verschiedenen Ländern können neben ästhetischen, durch das kulturelle Erbe bedingten, auch politische Gründe haben. Gerade im Verhältnis zwischen Frankreich und dem staufischen Deutschland wird das noch deutlich werden. Warum nimmt man diesseits des Rheins den großen Baugedanken nicht so auf wie, wenn auch abgewandelt, in England? Nur an der Scheide

96 Unter dem romanischen Rundbogen des linken STRASSBURGer Südportals ist im »modernen«, aus Frankreich kommenden »gotischen« Stil das Relief des Marientods mit einem Kranz ausdrucksvoller bart- und lockengeschmückter Apostelköpfe eingefaßt. Der frei rieselnde Faltenstil von ungemeiner Feinheit hat nichts mehr von den streng hingeschriebenen parallelen Faltenzügen der Archaik (um 1230).

gegen Westen hin entstehen zwei relativ »reine« Kathedralbauten: das Straßburger Münster und der Dom zu Köln. In Straßburg spürt man das Neue, es geht wie ein Ruck durch den laufenden Bauvorgang. Eben war der noch romanisch gebaute Chor geweiht, die Vierung mit ihrer achteckigen Trommel aufgeführt worden, das nördliche Querschiff und auch die Mauern des südlichen Querschiffs mit der Doppelpforte fertig, da kommt, etwa um 1225, der Einbruch aus dem Land der gotischen Kathedrale. Eine Bildhauerwerkstatt, vielleicht aus Chartres stammend, wird im unvollendeten südlichen Querschiff tätig. Am Portal werden die noch leeren Rundbogen mit plastischen Szenen aus dem Marienleben gefüllt: die Marienkrönung, konventionell verhalten, daneben der Marientod mit einem Kranz bärtiger Apostelköpfe um das Sterbebett, die Linnengewänder im flüssigen Rieselstil, wie er in Frankreich gerade en vogue ist (Abb. 96). Vor den bereits versetzten Rundsäulen des romanischen Portals standen ursprünglich noch Apostelfiguren, die während der Französischen Revolution zerstört wurden. Rechtzeitig in Sicherheit gebracht hat man im Jahr 1793 die beiden einzigartigen Gestalten der Ecclesia und Synagoge (Abb. 72, 73). Die Werkstatt dieses »Ecclesia-Meisters«, wie die Kunstgeschichte ihn getauft hat, war von einer drängenden Produktivität. Aber alle Plätze, an denen Plastik angebracht werden kann, waren besetzt. Im Westen stand noch das alte frühromanische Langhaus – auch keine Gelegenheit zu Portalfiguren. In diesem Augenblick kommt dem führenden Meister, dem sicher Bauleitung und Bildhauerwerkstatt gemeinsam unterstanden, ein kühner Einfall, etwas großartig Neues, man kann vielleicht sagen – Deutsches, denn in keiner Kathedrale Franciens wäre dieses Abweichen von der Regel erlaubt gewesen. Da kein Tympanon vorhanden war, wohin diese Szene eigentlich gehört, wandelt der Meister einen Tragpfeiler im Inneren des Baus einfach zu einer Bildsäule um und türmt daran die Darstellung des Jüngsten Gerichts, die im Programm keiner Kathedrale fehlen darf, in drei Etagen übereinander, Apostel, Engel mit Posaunen und Leidenssymbolen und an höchster Stelle der richtende Christus, zu dem Auferstehende flehen.

Türme

Mit dem »Ecclesia-Meister« beginnt die Gotisierung des Münsters, die ihren Höhepunkt in Meister Erwins (von Steinbach) durchgitterter Westfassade, der »steinernen Harfe« (Farbtafel 6), und in Meister Ulrich Ensingers ragendem Turm findet, dem Johan Hültz den einzigartigen Helm mit stalagmitengleich zur Spitze aufwachsenden Türmchen aufsetzte (Abb. 97). In diesen Türmchen führen acht kleine Wendeltreppen hoch, auf denen man, von einer zur anderen umsteigend, in Spiralen zur Spitze

gelangen konnte. Der junge Goethe hat es im Jahr 1770 noch getan.

Frankreichs Kathedralentürme sind fast alle, obwohl geplant, im Stumpf steckengeblieben. Die horizontalen Abschlüsse in Paris und Reims oder Laon erscheinen uns heute ästhetisch und auch als Symbol folgerichtig – es sind ja die »Stadttürme« zum »Himmlischen Jerusalem«. Wir empfinden sie als typisch französisch, vielleicht, weil die Geschoßgliederung in proportionierter Klarheit erhalten geblieben ist, während sich in den für uns »typisch deutschen« Türmen und Turmhelmen die Baumasse nach oben, in den Himmel sich verflüchtigend, auflöst.

Türme gehören nicht mehr zum Kultraum, darum entstehen sie als letztes, sie dienen – ob an den romanischen Kaiserdomen am Rhein, ob in den Campanili Italiens – an erster Stelle der Repräsentation. Wenn sie, wie in Straßburg, durch die vom politischen Druck des Bischofs befreite Bürgerschaft aufgeführt wurden, als Denkmal, als Selbstzeugnis gemeint, sind sie darum auch je höher, desto großartiger. Man ging dort von dem alten Doppelturm-Plan ab, um den einen Turm als – damals – höchsten Turm in Europa (142 m) zu bauen, in den Augen späterer Generationen das »Achte Weltwunder«. Daß es hier um die Konkurrenz zu dem Wunderturm auf der anderen Seite des Rheins ging, ist bewiesen: Ursprünglich wollte man den Freiburger Münsterturm nachahmen, ehe man sich zu der noch kunstvolleren Form verstieg.

Der Freiburger Münsterturm (Abb. 98), Mitte des 14. Jahrhunderts wohl ebenfalls als ein Denkmal wachsenden Bürgerstolzes entstanden – die Freiburger Bürger kauften sich damals

◁ 97 Im Helm des STRASSBURGer Münsterturms hat die Manie der Gotiker, die Form bis zum Extrem zu komplizieren, einen äußersten Punkt erreicht. Auf halsbrecherischen Treppchen ist die fragile Gitterpyramide, deren Steinlatten und -sprossen mit Eisenbändern zusammengehalten werden, bis zur Kanzel an der Spitze begehbar. Der im Jahr 1439 von Johan Hültz aus Köln vollendete Turm war mit 142 m bis ins 19. Jahrhundert hinein das höchste Bauwerk Europas.

98 Den »schönsten Turm der Welt« hat man den Turm des FREIBURGer Münsters genannt (1280 – ca. 1340). Sein Meister ist unbekannt. In rotem Sandstein steht das Filigranmuster gegen den südlichblauen Himmel der oberrheinischen Ebene.

99 Wie ein steinernes Zelt mit acht Streben und durchbrochenen »Zeltbahnen« steigt die FREIBURGer Pyramide auf. Der Blick nach oben in die hohe Leere, von der tief darunter liegenden Plattform aus, überwältigt.

gerade von der Herrschaft des Grafen von Urach los –, ist die »kühnste Unabhängigkeitserklärung eines Kunstwerks von der Zweckmäßigkeit« (Georg Dehio). Eine formvollendet in sich geschlossene Gitterpyramide, aufgeführt über einem hohen luftig-durchsichtigen Maß- und Stabwerkkäfig (Abb. 99), als »Dach« völlig sinnlos geworden. Als Zeichen und Mal einzigartig, wurde sie zum Vorbild für viele gotische und gotisierende Kirchtürme bis ins 19. Jahrhundert hinein. Die Türme des Kölner, des Regensburger Doms, vom Veitsdom in Prag, die Türme von Ulm, Esslingen, Thann im Elsaß und viele andere neugotische Imitationen gehen auf Freiburg zurück.

Der Kölner Domchor

Wie Straßburg am Oberrhein ist Köln, weit stromabwärts, der andere Ort, der Westliches aufnimmt. Der Kölner Dom (Abb. 100) ist nach Mailand und Sevilla die größte Kathedrale, doch fast in Form einer Kopie, jedenfalls in enger Anlehnung an die Kathedrale von Amiens, aber in den Formen noch schlanker, im Gewölbe noch höher (43,5 m) und mit ihren fünf Schiffen in der Grundfläche noch größer (144 m lang, im Querschiff 75 m breit). Schon in einem früheren Kapitel ist die Fertigstellung des Doms im 19. Jahrhundert als Symbol und Hoffnungszeichen einer politischen Einigung Deutschlands behandelt worden. Ehemals, im Jahr 1322, war nur der Chor vollendet; dieser wurde, bei aller klassischen Haltung im Architektonischen, mit der deutschen Neuerung bereichert, Einzelplastiken im Innenraum an den Pfeilern aufzureihen, Christus und Maria mit den zwölf Aposteln (Abb. 102, 103). In körperloser Kurve steht jede Figur vor dem Pfeiler, wie hingeschrieben – weit zurück liegt die kraftvolle deutsche Plastik der Stauferzeit. Sie erscheinen wie Symbole der Mystik Meister Eckharts und Heinrich Susos, die vom »Entwerden« des Leibes predigen.

100 Die größte gotische Kathedrale nach Mailand und Sevilla ist der KÖLNer Dom mit 144 m Länge. Der Blick geht vom Triforium des Querschiffs hinab in die fünf Schiffe des Langhauses (vgl. Abb. 15, 20, 21).

101 Der Initiale einer mittelalterlichen Handschrift ist diese Vorlage für eine geschnitzte Chorgestühlswange vergleichbar, die Villard de Honnecourt (um 1235) in sein Musterbuch gezeichnet hat.

102 und 103 In »gotischer S-Kurve« hingezeichnet, fast körperlos, stehen die Gestalten von Christus, Maria und den Aposteln vor den aufsteigenden Bündelpfeilern des KÖLNer Domchors (vor 1322).

Nur einige, in späterer Zeit entstandene gotische Kathedralbauten konnten in diesem Überblick angesprochen werden. Eine kunsttopographische Karte mit den Formwanderungen der Gotik, von ihrem Geburtsland, der Ile-de-France, aus, zeigt noch viele andere Strahlungen und Stationen, die das Gesamtbild wohl vervollständigen, das Urbild der Kathedrale aber mehr und mehr zudecken und verunklären würden. Von außen dringen in die Kathedral-Theologie ganz andere Bestrebungen und Ambitionen ein. Sie kommen aus nächster Nachbarschaft, denn auf unserer angenommenen Europa-Gotik-Karte findet man neben der Ile-de-France noch ein zweites Zentrum der Gotik, dessen Ausstrahlungen innerhalb weniger Generationen den Glanz der Kathedrale verblassen ließen, denn hier wird Gott nicht mehr durch »Schau«, sondern durch das »Wort« verkündet und gefunden: die Predigtkirchen der Zisterzienser und der Bettelorden.

Für den heiligen Bernhard von Clairvaux, der sich gegen die Dialektik der Scholastik und damit gegen das theologische Prunk- und Lehrgebäude der Kathedrale wehrte, rehabilitierte sich diese allein durch die Lichtmystik und die sich an allen Portalen überschwenglich entfaltende Verherrlichung der Jungfrau Maria, des Weiblichen im göttlichen Bereich. Dieser erste Mystiker, mit dem ein asketischer Weg der Verinnerlichung bis hin zu Bonaventura und Thomas a Kempis beginnt, eifert gegen die Schaustellungen des Glaubens, wie er gegen den Prunk von Cluny gewettert hatte: »Die ganze Kirche funkelt, aber die Armen sind von allem entblößt. Die Steine der Kirche sind vergoldet, aber ihre Kinder haben keine Kleider. Wohl wird die Neugier der Liebhaber befriedigt, aber die Armen finden darin nichts, um ihr Elend zu lindern.« Bernhard will eine Kirche der Armut. Dieses Bauwerk, das alles unter einem gemeinsamen Dach versammelt, ohne den eitlen Apparat des Strebewerks, schmucklos und kahl, ohne die Repräsentanz der Türme, nur von einem schlanken Dachreiter über der Vierung bekrönt, rippengewölbt, aber auch flachgedeckt, breitet sich über ganz Europa in Hunderten von Beispielen aus, eine Gegenform von Gotik. Aus ihr entwickelt sich in der Spätgotik, vor allem in den Hallenkirchen Deutschlands, nun wiederum angereichert mit Altären und Bildschmuck, der gültige Sakralbau des Spätmittelalters.

Kathedralgotik und imperiale Romanik

Die klassische Kathedrale hat in Deutschland neben den sehr westlich eingefärbten Bauten von Köln, Teilen von Straßburg und einigen wenigen anderen Beispielen eigentlich nur im Dom von Magdeburg einen frühen Versuch (Beginn 1209) einer eigenen deutschen Auslegung des französischen Baugedankens unternommen. Erzbischof Albrecht von Magdeburg, der in Paris studiert und auch Sugers Bau von Saint-Denis gesehen hatte, übernahm wohl von dort den Kapellenkranz rings um den Chor, aber der mystische Lichtkranz fehlt, alles bleibt steinern fest, romanisch (Abb. 104). Die spirituelle Auflösung der Masse ins Gerüsthafte kann an der Elbe nicht gelingen. Im fernen Grenzland, nach dem Osten zu, wird anders geglaubt und gebetet als im scholastischen Paris.

Daß der kathedrale Baugedanke in Deutschland nicht Fuß faßt, hat noch einen tiefer reichenden Grund politischer Art. Seit Karl dem Großen, der antike Säulen aus Ravenna und Rom heranschaffte und in sein Münster einbaute, fühlten sich die deutschen Kaiser als Fortsetzer des Römischen Imperiums, wollten sie in sichtbaren Zeichen ihren Anspruch verkünden, daß sie die Erben des römischen Kaisergedankens sind. Römische Architektursprache ist ihnen kaiserliche Sprache. Die Mächtigkeit und Wucht der Romanik setzt diese Sprache mit neuen, eigenen Vokabeln fort. Die Kaiserdome am Rhein, Speyer, Mainz, Worms, sind politische Demonstrationen der deutschen Kaiser. *Sie* sind die Nachfolgeherrscher im *Imperium Romanum,* nicht der Papst in Rom, dem diese Bauten in monumentaler Deutlichkeit sagen, in wessen Händen die Herrschaft liegt.

104 Der Chor des MAGDEBURGer Doms steigt von schweren, fast noch romanisch gestuften Mauerwänden im Kapellenkranz zu lockereren Formen des Emporengeschosses (»Bischofsgang«) auf und wird in den schlanken Fenstern des Lichtgadens und der graziösen doppelten Zwerggalerie – ein Motiv, das aus dem Rheinland stammt – erst im eigentlichen Sinne »gotisch« (vgl. den genau gleichzeitigen Chor im französischen Bourges; Farbtafel 7).

Im Schatten dieser Auseinandersetzung entwickelt sich auf französischem Boden die Macht des Mönchstums (Cluny), aus dem und mit dem auf Wegen und Umwegen eine antiromanische Formsprache aufwächst, die Kathedralgotik Abt Sugers, die sich mit dem Kapetinger-Königtum verbindet und mit ihren Bauten die Zeichen eines gemeinsamen, großartigen königlich-geistlichen Machtanspruchs setzt. Daß das staufische Kaisertum, das sich mit Friedrich II. im römisch-kaiserlichen Urland Italien fest etabliert hatte, gegen die Auflösung, gegen die geistreiche Zerlegung und Zersetzung seiner eigenen architektonischen Monumentalsprache sich zur Wehr setzte, ebenso gegen eine Verlagerung der politischen Gewichte innerhalb Europas – unter diesen Prämissen ist wohl das stockende Vordringen des *opus francigenum* in Deutschland zu verstehen. Der kaiserlichen Souveränität steht der von der Kirche unterstützte Anspruch des »allerchristlichsten« französischen Königs entgegen. Die Kathedralkunst mußte in dem kaiserlich-staufischen Deutschland so etwas wie das Eindringen einer fremden Propaganda erscheinen. Darüber hinaus wurde ein neuer, fremder Kirchentyp angeboten. Die Kaiserdome waren Feudalkirchen. Schon in der äußeren Form haben sie etwas burgartig sich Abschließendes. Dagegen die Kathedrale: Sie öffnet sich nach außen, nimmt die Massen auf, gibt ihnen Privilegien und Schutz gegen Feudalansprüche, verpflichtet sie aber dem neuen Doppelsouverän Königtum und Episkopat.

Von Reims nach Bamberg

Doch ist es nur natürlich, daß künstlerische Kräfte von allen Seiten her, auch aus Deutschland, zu diesen neuen Formen drängen. Wie die Bildhauer der Pisano-Familie aus Italien, so werden auch deutsche Handwerker, Bauleute und Steinmetzen in Frankreich tätig, doch nur sporadisch kommen Elemente der neuen Kunst nach Deutschland. In Magdeburg sahen wir, wie sich das Originäre auf der Wanderung nach Osten verändert, obwohl es ein Bischof selbst aus Paris mitgebracht hatte.

105 und 106 Das Vorbild zur »Heimsuchung« des BAMBERGer Doms steht zweifellos in Reims (Abb. 65), aber die plastische Form hat in den Faltenwellen des Mariengewands und in dem Mantel der Elisabeth – ihres seherischen Blicks wegen »Sibylle« genannt – eine Mächtigkeit und Fülle gewonnen, die den Rahmen einer Figurenreihe im Portalgewände sprengen würden. Die Figuren sind wohl auch als Einzelstücke konzipiert und stehen, jede in ihrer eigenen Aura, isoliert an Pfeilern im Inneren des Doms (um 1235).

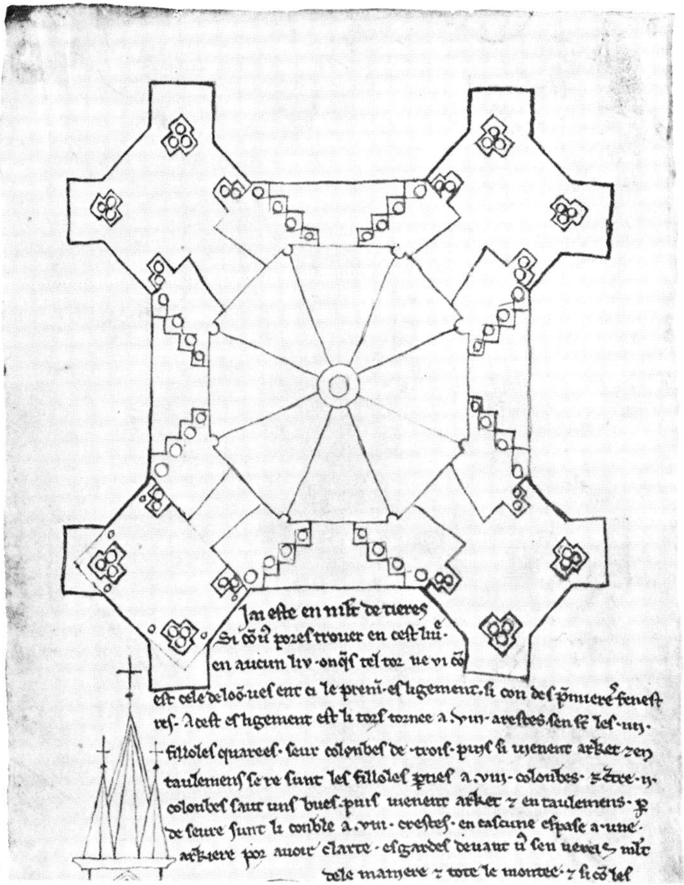

107

107–109 Im altfranzösischen Text schreibt Villard de Honnecourt, daß ▷ er »an keinem Ort einen solchen Turm erblickt habe wie in LAON«. Die Tafel in seinem Bauhüttenbuch (Abb. 107) zeigt den exakten Querschnitt durch das erste Obergeschoß, das andere Blatt (Abb. 108) die perspektivisch gemeinte Ansicht eines der Westtürme mit den seltsamen Ochsenplastiken, die aus den Ecktürmen herausschauen (vgl. Abb. 109). Deren Bedeutung ist unklar, sie sind wohl zum ewigen Gedächtnis eines Wunders entstanden, das bei den Bauarbeiten stattgefunden haben soll: Ein zusammengebrochener Gespannochse sei durch einen plötzlich erschienenen anderen (der am Abend wieder verschwand) ersetzt worden.

b
10

109

Auch für Bischof Egbert von Bamberg, der ein Schwager des französischen Königs Philippe II. Auguste war, lag es nahe, daß er es beim Aufbau des Doms Heinrichs II. mit der neuen Kunst versuchte. Die Bamberger Bildhauerwerkstatt, die aus Reims kam, fand keine Kathedrale vor, sondern eine romanische Kirche im Aufbau, mit dicken Mauern und kleinen Portalen, an denen ein Figurenprogramm nach Art der Kathedralen nicht zu verwirklichen war. So werden die Figuren, die entstehen, behelfsmäßig vor den Zickzackbändern eines romanischen Portalgewändes oder an freien Pfeilern im Inneren untergebracht. Der berühmte Bamberger Reiter, das Idealbild der ritterlichen Stauferzeit – der »ferne König« (Friedrich II.) hat man gesagt – ist als Figur undeutbar; um so mehr Phrasen und Paraphrasen sind um ihn herum entstanden. Die Herkunft aus den Werkstätten von Reims unterstreichen vor allem die beiden Frauenfiguren der »Heimsuchung«, Maria und Elisabeth (Abb. 105, 106). Doch welche Verwandlung hat stattgefunden (vgl. Abb. 65)! Die beiden haben sich aus der Gruppe gelöst, sie sind zu großartigen Einzelfiguren geworden, von einer plastischen Fülle und Wucht, die weit über das Vorbild hinausgehen. Hier, fern von den Zentren der Kathedralkunst, begegnet man einem bildhauerischen Höhepunkt der Epoche.

Was man in Frankreich gesehen hat, wird in Mitteldeutschland mit großer Einfühlung verarbeitet. Davon zeugen auch die westlichen der vier Türme von Bamberg (Abb. 110), die die phantastischen Turmgebilde der Kathedrale von Laon (vgl. Abb. 107–109) mit offenen Säulenerkern an den vier Ecken in mehreren Etagen, nur um einige Grade stiller, nachzuahmen versuchen. Auch der Baumeister des anderen Doms im mitteldeutschen Raum, in Naumburg, war von Laon fasziniert und übernahm das Turmmotiv von dort für seine Westtürme.

110 Von den Westtürmen Bambergs und Naumburgs führt eine direkte ▷ Linie nach Laon zur dortigen Kathedrale (Abb. 109), deren kraftvolle, vielfach durchschluchtete Türme noch an Romanisches erinnern und darum die deutschen Werkleute, die dort mitgearbeitet haben, besonders beeindruckte (BAMBERG, 1. Hälfte 13. Jh.).

Schon diese beiden getreuen Turmwiederholungen lassen erkennen, daß in Laon mit Sicherheit Werkleute aus Deutschland gearbeitet haben. Die kraftvolle, plastische Durchmodellierung des Baus von Laon kam den Deutschen wohl eher heimatlich vor als das bis zum äußersten entwickelte Gerüstwerk der späteren Kathedralen. So wie deutliche Verbindungen von Reims nach Straßburg oder Bamberg gehen, so findet man auch spürbar Bezüge ganz aus dem Osten des Kathedralenlandes, aus Metz, nach Deutschland herüber. Fast verfolgen kann man die Wanderung des größten Bildhauers der Epoche, des sogenannten »Naumburger Meisters«. Es gibt erste Spuren von ihm in der Kathedrale in Metz – Fragmente vom Türsturz, die heute in der Krypta aufbewahrt werden. Dann taucht er in Mainz wieder auf, wo er für den Westchor des Doms die Flächen eines Lettners skulpierte: von Schuld und Schuldgefühl zerquälte Verdammte des Jüngsten Gerichts und stille Selige. Von seiner Hand eindeutig zu bestimmen: ein Relief (Abb. 111), das aus Mainz in einen kleinen Ort, Bassenheim bei Koblenz, verschlagen wurde, auch ein Reiter, aber nicht mehr der adelige Reiter von Bamberg, sondern ein heiliger Martin; volksliedhaft wird erzählt, wie er seinen Mantel teilt. Das Pferd ist kein rassiger Renner, sondern eine brave Mähre, und Reiter und Bettler sind in Gestik und Mimik voll warmer Menschlichkeit.

Die gleichen Physiognomien findet man wieder in dem vielleicht bedeutendsten Raum abendländischer Plastik – nur Michelangelos Medici-Kapelle in Florenz wäre daneben zu nennen –, im Westchor des Naumburger Doms mit seinem Lettner und den Stifterfiguren (Abb. 112). Der Lettner erzählt Christi Passion vom Abendmahl bis hin zur Kreuztragung in fast vollplastischen Reliefszenen (die beiden Szenen rechts außen sind mehr schlecht als recht erneuert). In der Mitte des Lettners geht das Tor zum Chor auf. Hier am mittleren Türpfeiler hängt der Gekreuzigte, zu beiden Seiten die schmerzzerissenen Gestalten von Maria und Johannes mit tränenüberströmtem Gesicht.

111 Der »Bassenheimer Reiter«, ein Martinus-Relief, das sich ehemals im MAINZer Dom befand, ist ein Werk des »Naumburger Meisters«, entstanden während des langen Zwischenaufenthalts des Meisters am Rhein, bevor er weiter nach Thüringen zog. Hier schuf er auch die jetzt nur noch in Fragmenten erhaltenen Reliefs für die Chöre des Doms im Osten und Westen (um 1230; Original in Sankt Martin, Bassenheim; Abguß im Diözesan-Museum, Mainz).

Mit dem »Naumburger Meister« (um 1250), dessen Name für eine ganze Werkstatt steht, wenn auch das große, einzigartige Genie aus allen Formungen strahlt, geht die Plastik als Dekoration am Bau zu Ende. Diese Figuren sind nicht mehr im feinen Rieselstil wie in Straßburg oder Reims schönheitlich »ziseliert«. Sie sind schwer und massig geworden in Form und Gebärde. Der Stein bleibt, auch wenn seine Masse mit wuchtigem Meißel zu Gewand, Hand, Fleisch, Gesicht oder Haarmähne gemacht wird

112 Judas mit spitzem Judenhut empfängt vom Hohepriester Kaiphas das Blutgeld, die 30 Silberlinge, für seinen Verrat. Dramatisch die Gruppierung der Gestalten, ausdrucksstark die Gebärden und Physiognomien. Das Relief ist das zweite in der Folge der acht, die den Lettner in NAUMBURG quer überziehen (nach 1240).

– der Stein bleibt steinern, bleibt der Kalksteinblock, der in der Bildfiguration durch sie hindurch weiterlebt. Man hat vor den untersetzten breiten Gestalten mit den schweren Gebärden von der »Schwermut der Form« gesprochen. In diesen dumpf gesammelten Formen steckt eine innere Ausdrucksgewalt, die nicht mehr als Illustration an ein theologisches Programm zu fesseln ist: Diese Reliefs lösen sich vom »Dienst«, ähnlich wie viel später Rembrandts tiefste und frömmste Bilder in keinen Kirchenraum mehr als Altarbild passen werden.

Auch durch die andere Folge, den plastischen Zyklus der Stifterfiguren im Chor hinter dem Lettner, beginnt sich das feste liturgische Gefüge des Sakralraums und Sakralgedankens aufzulösen. Statt Heiligen an den Gewändeportalen stehen hier Standespersonen (Farbtafel 13, 14), die 100 Jahre zuvor das Geld für den Kirchenbau gegeben hatten – Nicht-Heilige, im Inneren des Kirchenraums rings um das Sanctuarium, Ritter und Edelfrauen, porträthaft charakterisiert, mit der gelassenen Mimik großer Schauspieler. Man glaubt Wesensart, Temperament, Schicksal jedes einzelnen aus den zu menschlichen Bildern geschlagenen, farbig bemalten Steinblöcken ablesen zu können.

Von der Machtkirche zur Bürgerkirche

In der Bildhauerei, der Kunst des plastischen Menschenbildes, ist hier eine Stufe der Individualität erreicht, in der auch schon ein Zuendegehen fühlbar wird. Es ist der Augenblick, da auch in der Architektur die große Kathedralenkunst ihren Glanz verliert. Die Figuren von Naumburg muß man als ein Absprengsel aus diesem großen Bereich ansehen, einen letzten, einsamen Gipfel. »Leise brennend wie Kerzen« oder wie schwebend auf schrägen Sockeln, reihten sich in den Gewändeportalen der klassischen Kathedrale die Figuren nebeneinander. Dagegen stehen die Einzelgestalten oder die Paare von Naumburg, umhüllt von den schweren Faltenröhren ihrer Mäntel, fest auf beiden Füßen. Ebenso wie hier im Menschenbild verliert die Architektur, der das mystische Licht genommen wird, das körperlos Schwebende. Der Kirchenraum ist nicht mehr das »Himmlische Jerusalem«, nicht mehr die schmale Schlucht durch geheimnisvoll angeschienene hohe Pfeilerreihen. Der Raum ist heller geworden, irdischer, er weitet sich zum Saal. Aus der Königskathedrale, der Bischofskirche, der »Machtkirche«, wird eine Bürgerkirche, eine schlichte dreischiffige Halle, die umrankt wird von mit Gittern abgeschlossenen privaten Kapellen, in denen Stifter und Patrizier ihre Andacht verrichten und ihre Messe lesen lassen, ein Indiz für die soziale Umgruppierung der Kirchenbenutzer. Der Glaube kehrt aus dem »Himmlischen Jerusalem« gewissermaßen zur Erde zurück.

Die Kirchen dienen nicht mehr der Repräsentation, sondern sind Gebrauchsräume für eine Gemeinde. Sie können aber an

113 Sankt Martin in LANDSHUT ist keine Kathedrale mehr, sondern nur eine Bürgerkirche, in Backstein gebaut, das Hauptwerk Hans Stethaimers aus Burghausen (gest. 1432). Der schlanke Turm, dessen nadelspitzes Zeltdach mit zwei feingliedrigen Fialenkränzen bekrönt ist, wurde erst 1498 vollendet.

Größe oft mit den früheren Kathedralen konkurrieren. So erreicht die Martinskirche in Landshut (1387–1498; Abb. 113) mit dem nach Straßburg höchsten Turm des Mittelalters, in Backstein ausgeführt, eine Höhe von 132,5 m. Das 29 m hohe Gewölbe, getragen von zerbrechlich dünnen Pfeilern von nur 1 m Durchmesser bei einer Höhe von 22 m, übersteigt den Innenraum der Kathedrale von Laon um ein Beträchtliches. Und Münchens Hauptkirche Unserer lieben Frau von Jörg Ganghofer, in der zweiten Hälfte des 15. Jahrhunderts erbaut, ist mit 31 m Scheitelhöhe nur wenig niedriger als der Innenraum der klassischen Kathedrale, die der »Parthenon der Gotik« genannt wird: Chartres.

FACHBEGRIFFE

Antependium Frontbekleidung des Altartischs

Apsis Nischenartiger Abschluß, meist Platz für einen Altar

Archivolte Bogenlauf über Portal bzw. →Tympanon

Baldachin Bekrönung über Gewände- oder Pfeilerfiguren, Traghimmel bei Prozessionen. Auch für Pfeilergerüst und Rippengewölbe über einem →Joch verwendet

Bleiruten Mit doppeltem Nut gegossene Bleibänder zum Verbinden der Glasstücke eines Farbfensters

Blendarkaden Der Wand vorgelegte Bogenfolge

Blendmaßwerk Der Wand vorgelegtes →Maßwerk

Bündelpfeiler Um einen Pfeilerkern gebündelte Säulen und Halbsäulen (→Dienste)

Chor Ostteil der Kirche mit →Apsis und Altar

Chorumgang Um den Chor herumgeführte Seitenschiffe

Dachreiter Kleines schlankes Türmchen über →Vierung, vor allem bei Zisterzienser- und Bettelordenskirchen

Deesis Thronender Christus mit Maria und Johannes als Fürbitter

Dienst Halb- oder Dreiviertelsäule an einem Bündel- oder Wandpfeiler, die dem Gewölbebogen als (optische) Stütze »dienen«

Domkapitel Körperschaft der Geistlichen an einem Dom (Bischofskirche)

Fiale Pyramidenartiges Türmchen, mit →Krabben besetzt und →Kreuzblume gekrönt

Gesprenge Gegliederter Aufbau über dem spätgotischen Altar

Gewände Die schräggestuften Wände einer Portalöffnung
Gurtbogen Trennungsbogen zwischen zwei →Jochen
Hallenkirche Kirche, deren Schiffe unter einem Dach die gleiche Gewölbehöhe haben
Joch Gewölbeeinheit zwischen zwei →Gurtbogen
Kaffgesims Außen unter den Fenstern durchlaufendes Gesims
Kapellenkranz Zum Chor geöffnete Kapellenreihe
Kapitell Kopfstück einer Säule oder eines Pfeilers (lat. *caput* = Kopf)
Krabbe Kriechblume oder Kriechblatt, Verzierung an →Fialen, →Strebebogen, →Wimpergen u.a.
Kreuzblume Endigungsform an →Fialen, Türmen u.a.
Kreuzrippengewölbe Gewölbe, das durch gekreuzte Steinrippen (optisch) getragen wird
Krypta Gruft- oder Andachtsraum unter dem Ostchor; Reliquien- oder Heiligengrab
Langhaus Westlicher (Gemeinde-) Teil des Mittelschiffs
Lettner Trennschranke des →Chors gegen Mittel- und Querschiff, ursprünglich Lese- und Sängerbühne
Liwan oder **Iwan** Sehr hohe, nach einer Seite offene, torhallenartige Räume in islamischen Palästen und Moscheen
Mandorla Mandelförmiger, die ganze Figur umfangender Heiligenschein
Maßwerk Gotisches plastisches Ornament zur Füllung der Fensteröffnung oder leerer Wandflächen
Metope Meist reliefierte Platte am Fries des antiken dorischen Tempels
Obergaden Oberer Teil der Mittelschiffswand mit Fenstern (Lichtgaden)
Oculus Rundfenster
Rosenfenster Rundfenster, mit →Maßwerk, an der Fassade oder an den Querschiffen der Kathedrale, Symbol für Christus oder Maria
Querschiff Kreuzförmig zum Längsschiff errichteter Bauteil
Retabel »Altarrückwand« mit Bildern oder Figuren-Altarschrein

Schaftring Ring um Pfeiler oder Halbpfeiler

Scheidbogen Bogen, der über zwei Stützen das Mittelschiff vom Seitenschiff scheidet. Die Mauer über dem Bogen: Scheidmauer

Schlußstein Oft reichverziertes Mittelstück am Kreuzungspunkt der Gewölberippen

Schwibbogen →Strebebogen

Sohlbank Nach außen abgeschrägte Fensterbank

Strebebogen Über das Seitenschiff hinweggespannter Steinbogen, der den Druck der Gewölbe und des Daches auf die →Strebepfeiler überträgt

Strebepfeiler Breite Steinstützen an den Außenwänden der Seitenschiffe, die den Druck der →Strebebögen aufnehmen

Stylobat Oberste Stufe des Unterbaus des griechischen Tempels, aus dem die Säulen aufsteigen

Triforium Arkadenlaufgang unter dem →Obergaden

Triglyphe (»Dreischlitz«) Gliedert, mit den →Metopen abwechselnd, den Fries über den Säulen des dorischen Tempels

Trumeau Mittelpfeilerstütze eines breiten doppeltürigen Portals (Türpfeiler)

Türsturz Steinbalken unter dem →Tympanon quer über der Portalöffnung

Tympanon Meist skulptiertes Bogenfeld über dem →Türsturz

Typologie Gegenüberstellung von Gestalten des Alten und Neuen Testaments als Verheißung und Erfüllung

Vierpaß Eine aus Dreiviertelkreisen einem Kreis einbeschriebene Figur in Farbfenster, Arkade oder Maßwerk

Vierung Kreuzungsfeld von Querschiff und Mittelschiff

Wasserschlag Abschrägung an den Geschossen der Strebepfeiler oder Außenwände zum Wasserablauf

Wasserspeier Oft groteske Steinfigur, ursprünglich zum Ablauf des Regenwassers dienend, später mehr dekorativ verwendet

Wimperg Ziergiebel über Türen und Fenstern, mit →Maßwerk geschmückt, an den Rändern mit →Krabben besetzt

Ziborium Baldachinartiger Aufbau, meist über dem Altar

LITERATURHINWEISE

Abraham, P. Viollet-le-Duc et le rationalisme mediéval. Paris 1934

Bandmann, G. Mittelalterliche Architektur als Bedeutungsträger. Berlin 1951

Clasen, K.H. Die gotische Baukunst. Potsdam 1930

Dehio, G./Bezold, G. von Kirchliche Baukunst des Abendlandes. Stuttgart 1892

Dierick, A. Kirchenfenster von Chartres. Bern 1957

Dufy, G. Das Europa der Kathedralen. Genf 1966

Frodl-Kraft, E. Die Glasmalerei. Wien/München 1970

Gall, E. Die gotische Baukunst in Frankreich und Deutschland. Leipzig 1925

Grodecki, L. Architektur der Gotik. Stuttgart 1976

Hahnloser, H.H. Villard de Honnecourt. Kritische Gesamtausgabe des Bauhüttenbuches ms. fr 19093 der Pariser Nationalbibliothek. Graz ²1972

Hart, F. Kunst und Technik der Wölbung. München 1965

Heer, F. Mittelalter. München 1961

Hofstätter, H.H. Gotik. Freiburg 1968

Jantzen, H. Die Naumburger Stifterfiguren. Stuttgart 1959

Jantzen, H. Die Gotik des Abendlandes. Köln 1962

Macaulay, D. Sie bauten eine Kathedrale. Zürich/München 1974

Meyer, P. Europäische Kunstgeschichte. Zürich 1947, ²1979

Panofsky, E. Gothic Architecture and Scholasticism. Latrobe 1951

Pinder, W. Der Bamberger Dom und seine Bildwerke. Berlin 1938

Pinder, W. Der Naumburger Dom und der Meister seiner Bildwerke. Berlin 1939
Rüdiger, W. Villard de Honnecourt. In: Die Großen der Weltgeschichte. Band III. Zürich 1973
Ruskin, J. The seven Lamps of Architecture. Oxford 1849
Sauerländer, W./Hirmer, M. Gotische Skulptur in Frankreich. München 1970
Schlink, W. Die Kathedralen Frankreichs. München 1978
Schöne, W. Das Königsportal in Chartres. Stuttgart 1961
Sedlmayr, H. Die Entstehung der Kathedrale. Zürich/Freiburg i.Br. 1950 (^{2}1977)
Simson, O. von Die gotische Kathedrale. Darmstadt 1968 (^{2}1972)
Swaan, W. Die großen Kathedralen. Köln 1969
Überwasser, W. Von Maß und Macht der alten Kunst. Straßburg 1933
Vöge, W. Die Anfänge des monumentalen Stils im Mittelalter. Straßburg 1894
Vöge, W. Die Bahnbrecher des Naturstudiums um 1200. Leipzig 1914
Vöge, W. Bildhauer des Mittelalters. Berlin 1958
Weigert, H. Die Kaiserdome Speyer, Mainz, Worms. Berlin 1933
Wölfflin, H. Italien und das deutsche Formgefühl. München 1931

FOTONACHWEIS

Basel, Maurice Babey Farbtafel 4, 5, 9, 13, 14
Berlin, Bildarchiv Preußischer Kulturbesitz Farbtafel 1
Köln, Archiv DuMont Buchverlag Abb. 10, 18, 27, 28, 29, 38, 70, 101, 107, 108
Köln, Rheinisches Bildarchiv Abb. 20, 21
London, Wim Swaan Umschlag-Abb. Vorderseite, Farbtafel 2, 3, 6, 7, 8, 10, 11, 12; Abb. 2–5, 7, 14, 16, 17, 22, 24, 26, 30–34, 36, 37, 39, 41, 43, 45, 52, 62, 65, 66, 69, 77–82, 84, 86, 89, 90, 92, 93, 98–100
Marburg, Bildarchiv Foto Marburg Abb. 1, 8, 19, 46, 71, 75, 76, 85, 87, 91, 94, 95, 97, 102–106, 110–113
München, Archiv des Verfassers Abb. 23, 83, 109
München, Max Hirmer (Hirmer Fotoarchiv) Abb. 40, 42, 44, 47–51, 53–61, 63, 64, 67, 68, 72–74, 88, 96
Straßburg, Jupp Franz Abb. 12, 35
Wien, Österreichische National-Bibliothek Farbtafel 15

Aus: Wim Swaan, Die großen Kathedralen. Köln 1969
© Paul Elek Productions Ltd., London Abb. 9, 11, 13, 15, 25

REGISTER

DuMont Taschenbücher

Stand Frühjahr '90

Band 2
Horst W. und Dora Jane Janson
Malerei unserer Welt

Band 3
August Macke – Die Tunisreise

Band 4 Uwe M. Schneede
René Magritte

Band 6 Karin Thomas
DuMont's kleines Sachwörterbuch zur Kunst des 20. Jahrhunderts

Band 8 Christian Geelhaar
Paul Klee

Band 13 Joseph-Émile Muller
DuMont's kleines Lexikon des Expressionismus

Band 14 Jens Christian Jensen
Caspar David Friedrich

Band 15 Heijo Klein
DuMont's kleines Sachwörterbuch der Drucktechnik und grafischen Kunst

Band 18 Horst Richter
Geschichte der Malerei im 20. Jahrhundert

Band 23 Horst Keller
Marc Chagall

Band 25 Gabriele Sterner
Jugendstil

Band 26 Jens Christian Jensen
Carl Spitzweg

Band 28 Hans Holländer
Hieronymus Bosch

Band 29 Herbert Alexander Stützer
Die Etrusker und ihre Welt

Band 30
Johannes Pawlik (Hrsg.)
Malen lernen

Band 31 Jean Selz
DuMont's kleines Lexikon des Impressionismus

Band 32 Uwe M. Schneede
George Grosz

Band 33 Erwin Panofsky
Sinn und Deutung in der bildenden Kunst

Band 35 Evert van Uitert
Vincent van Gogh

Band 38 Ingeborg Tetzlaff
Romanische Kapitelle in Frankreich

Band 39 Joost Elffers (Hrsg.)
DuMont's Kopfzerbrecher
TANGRAM

Band 44 Fritz Baumgart
DuMont's kleines Sachlexikon der Architektur

Band 47 Paul Vogt
Der Blaue Reiter

Band 56 Ingeborg Tetzlaff
Romanische Portale in Frankreich

Band 57 Götz Adriani
Toulouse-Lautrec und das Paris um 1900

Band 59 Hugo Munsterberg
Zen-Kunst

Band 63 Hans Neuhaus
Werken mit Ton

Band 65 Harald Küppers
Das Grundgesetz der Farbenlehre

Band 66 Sam Loyd/
Martin Gardner (Hrsg.)
Mathematische Rätsel und Spiele

Band 69 Erich Burger
Norwegische Stabkirchen

Band 70 Ernst H. Gombrich
Kunst und Fortschritt

Band 72 Michael Schuyt / Joost Elffers / Peter Ferger
Rudolf Steiner und seine Architektur

Band 73 Gabriele Sterner
Barcelona: Antoni Gaudi

Band 74 Eckart Kleßmann
Die deutsche Romantik

Band 76 Werner Spies
Max Ernst 1950–1970

Band 77 Wolfgang Hainke
Siebdruck

Band 78 Wilhelm Rüdiger
Die gotische Kathedrale

Band 81 Klaus Fischer
Erotik und Askese in Kult und Kunst der Inder

Band 83 Ekkehard Kaemmerling (Hrsg.)
Bildende Kunst als Zeichensystem 1

Band 84 Hermann Leber
Plastisches Gestalten

Band 85 Sam Loyd / Martin Gardner (Hrsg.)
Noch mehr Mathematische Rätsel und Spiele

Band 89 Ingeborg Tetzlaff
Griechische Vasenbilder

Band 90 Ernesto Grassi
Die Theorie des Schönen in der Antike

Band 91 Hermann Leber
Aquarellieren lernen

Band 93 Joost Elffers / Michael Schuyt
Das Hexenspiel

Band 94 Kurt Schreiner
Puppen & Theater

Band 95 Karl Hennig
Japanische Gartenkunst

Band 99 Bernd Fischer
Wasserburgen im Münsterland

Band 100 Peter-T. Schulz
Der olle Hansen

Band 101 Felix Freier
Fotografieren lernen – Sehen lernen

Band 103 Kurt Badt
Die Farbenlehre van Goghs

Band 104 Wilfried Hansmann
Die Apokalypse von Angers

Band 107 Joost Elffers / Michael Schuyt / Fred Leeman
Anamorphosen

Band 109 Bernd Fischer
Hanse-Städte

Band 114 Peter-T. Schulz
Der Kuckuck und der Esel

Band 115 Angelika Hofmann
Ton

Band 116 Sara Champion
DuMont's Lexikon archäologischer Fachbegriffe und Techniken

Band 117 Rosario Assunto
Die Theorie des Schönen im Mittelalter

Band 119 Joachim Petsch
Geschichte des Auto-Design

Band 121 Renate Berger
Malerinnen auf dem Weg ins 20. Jahrhundert

Band 123 Fritz Winzer
DuMont's Lexikon der Möbelkunde

Band 124 Walter Dohmen
Die Lithographie

Band 127 Peter-T. Schulz
Rapunzel

Band 128 Lu Bro
Wie lerne ich Zeichnen

Band 130
Bettina Gruber / Maria Vedder
DuMont's Handbuch der Video-Praxis

Band 131
Anneliese und Peter Keilhauer
Die Bildsprache des Hinduismus

Band 132 Reinhard Merker
Die bildenden Künste im Nationalsozialismus

Band 133
Barbara Salberg-Steinhardt
Die Schrift:
Geschichte – Gestaltung – Anwendung

Band 134 Götz Pochat
Der Symbolbegriff in der Ästhetik und Kunstwissenschaft

Band 135 Karlheinz Schüssler
Die ägyptischen Pyramiden

Band 137 Nikolaus Pevsner
Wegbereiter moderner Formgebung

Band 139 Peter-T. Schulz
Guten Tag! Eine Gulliver-Geschichte

Band 142 Rudolf Wittkower
Allegorie und der Wandel der Symbole in Antike und Renaissance

Band 143 Martin Warnke (Hrsg.)
Politische Architektur

Band 144 Miriam Magall
Kleine Geschichte der jüdischen Kunst

Band 145 James F. Fixx
Rätsel und Denkspiele mit Seitensprung

Band 146
Rose-Marie und Rainer Hagen
Meisterwerke europäischer Kunst
als Dokumente ihrer Zeit erklärt

Band 148 Renée Violet
Kleine Geschichte der japanischen Kunst

Band 149 Lawrence Treat
Detektive auf dem Glatteis

Band 150
Alexandra Lavizzari-Raeuber
Thangkas

Band 151 Hartmut Kraft
Psychoanalyse, Kunst und Kreativität heute

Band 153 Ingeborg Ebeling
Masken und Maskierung

Band 156
Herbert Alexander Stützer
Kleine Geschichte der römischen Kunst

Band 157 Paul Maenz
Die 50er Jahre

Band 159 Anita Rolf
Kleine Geschichte der chinesischen Kunst

Band 160
Felix Freier/Norbert Sarrazin
Fotos: Selbst entwickeln – Selbst vergrößern

Band 163 Harald Küppers
Die Farbenlehre der Fernseh-, Foto- und Drucktechnik

Band 164 Nora Gallagher
Wohnzimmerspiele – alt und neu

Band 167 Eckhard Neumann (Hrsg.)
Bauhaus und Bauhäusler

Band 169 Wolfgang Kemp (Hrsg.)
Der Betrachter ist im Bild

Band 170 Hans Sedlmayr
Die Revolution der modernen Kunst

Band 171 Ernst H. Gombrich
Eine kurze Weltgeschichte für junge Leser

Band 173 Eve-Marie Helm
555 Teekessel

Band 174
Abbie Salny/Marvin Grosswirth
Phantastische Mensa-Rätsel

Band 177 Vittorio Lampugnani
Architektur als Kultur

Band 178 Michael Koulen
Go

Band 180 Walter Dohmen
Der Tiefdruck

Band 181 Stephan Schmidt-Wulffen
Spielregeln

Band 182 Martin Schuster
Kunsttherapie

Band 183 Bazon Brock/
Hans Ulrich Reck/Internationales Design Zentrum Berlin e.V. (Hrsg.)
Stilwandel

Band 184 Wilfried Hansmann
Balthasar Neumann

Band 185 Manfred Görgens
Kleine Geschichte der indischen Kunst

Band 186
Veruschka und Gábor Bódy (Hrsg.)
Video in Kunst und Alltag

Band 188 Ralph Tegtmeier
Tarot

Band 189 Marie Luise Syring
Kunst in Frankreich

Band 190 Peter Bolz/Bernd Preyer
Indianische Kunst Nordamerikas

Band 191
Abbie Salny/Marvin Grosswirth
Das endgültige Mensa-Quiz-Buch

Band 193 Gerald Kahan
$E = mc^2$

Band 194 Bernhard Streck (Hrsg.)
Wörterbuch der Ethnologie

Band 195 Wolfgang Hautumm
Die griechische Skulptur

Band 197 Andreas Mäckler (Hrsg.)
Was ist Kunst . . . ?

Band 198
Veruschka Bódy/Peter Weibel (Hrsg.)
Clip, Klapp, Bum

Band 199 Ingeborg Tetzlaff
Romanische Engelsgestalten in Frankreich

Band 200 Peter-T. Schulz
Ein Glück!

Band 201 Ernst Kitzinger
Kleine Geschichte der frühmittelalterlichen Kunst

Band 203 Wolfgang Müller
Kleine Geschichte der altamerikanischen Kunst

Band 204 John Sladek
Auf heißer Spur . . .

Band 205 Joachim Knuf
Unsere Welt der Farben

Band 206 Peter Sager
Unterwegs zu Künstlern und Bildern

Band 207 Klaus Lankheit
Revolution und Restauration

Band 208 Robert Wolf
Konfliktsimulations- und Rollenspiele: Die neuen Spiele

Band 210 Alfred Stolz
Schamanen – Ekstase und Jenseitssymbolik

Band 211 Marion Milner
Zeichnen und Malen ohne Scheu: Ein Weg zur kreativen Befreiung

S, 85

Band 212
Toshihiko und Toyo Izutsu
Die Theorie des Schönen in Japan

Band 213 Scot Morris
Rätsel für Denker und Tüftler

Band 214 Karlheinz Schüssler
Kleine Geschichte der ägyptischen Kunst

Band 215 Andreas Mäckler
Was ist Liebe..?

Band 216 Internationales Design Zentrum Berlin e. V. (Hrsg.)
Simulation und Wirklichkeit

Band 217 Karl-Heinz Golzio
Außereuropäische Kunst in Daten

Band 218 Joachim Petsch
Eigenheim und gute Stube

Band 219 Till Förster
Kunst in Afrika

Band 220 H. A. Ripley
»Wer ist der beste Detektiv?«

Band 221 Johannes Stahl
An der Wand

Band 222 Herbert Alexander Stützer
Ravenna und seine Mosaiken

Band 223 Rolf Harris
Cartoon-Zeichnen leicht gemacht

Band 224 Jochen Maes
Fahrradsucht

Band 225 Erwin Panofsky
Gotische Architektur und Scholastik

Band 226 Richard Kostelanetz
John Cage im Gespräch

Band 227 Oskar Bätschmann
Entfernung der Natur

Band 228 Otto J. Brendel
Was ist römische Kunst?

Band 229 Uwe Springfeld
Schreibspiele

Band 230 Kasimir Malewitsch
Suprematismus – Die gegenstandslose Welt

Band 231 Andreas Mäckler/ Christiane Schäfers (Hrsg.)
Was ist der Mensch...?

Band 232 Martin Kuckenburg
Die Entstehung von Sprache und Schrift

Band 233 Peter-T. Schulz
Erleben ist alles

Band 234 Gerhard Kebbel
DuMont's verblüffendes Fremdwörterbuch

Band 235
Hans-Thomas Gosciniak (Hrsg.)
Kleine Geschichte der islamischen Kunst

Band 236 Klaus Eid/Hakon Ruprecht
Collage und Collagieren

Band 237 Andreas Verstappen
Waechters Erzählungen

Band 238 Michael Jäger
Die Theorie des Schönen in der Italienischen Renaissance

Band 239 William C. Seitz
Claude Monet

Band 240 Cristina Perincioli/ Cillie Rentmeister
Computer und Kreativität

Band 241 Internationales Design Zentrum Berlin (Hrsg.)
Energien gestalten

Band 242 Dan Ritchard/ Kathleen Moloney
Die Kunst des Bauchredens